Cartas de Amor

Cartas de Amor

por Jacob Beilhart

2020

Publicações Civitas Solis

Título original:
LOVE LETTERS FROM SPIRIT TO YOU
JACOB BEILHART

2020
Impresso no Brasil

Capa e Projeto gráfico: Monica Jackson
Diagramação: Jessica Souza

Dados Internacionais de Catalogação na Publicação (CIP)
(Câmara Brasileira do Livro, SP, Brasil)

Beilhart, Jacob, 1867-1908

Cartas de Amor / Jacob Beilhart ; compilado por Freedom Hill Henry ; [tradução equipe de tradutores do Instituto Civitas Solis]. -- São Paulo : Civitas Solis, 2020

Título original: Love Letters from Spirit to You
ISBN 978-65-87963-03-7

1. Espiritualidade I. Henry, Freedom Hill.
II. Título.

20-40511 CDD-133.9

Índices para catálogo sistemático:
1. Espiritualidade 133.9

Cibele Maria Dias - Bibliotecária - CRB-8/9427

R. Heitor Peixoto, 58 - Cambuci, São Paulo - SP, 01543-020
www.civitassolis.org.br

Sumário

Prefácio

Sobre Cartas de Amor

As Cartas de Amor (do Espírito para Ti), de Jacob Beilhart (1867-1908), embora escritas por volta de 1900, no entardecer da Era de Peixes, apresenta uma mensagem muito atual, especialmente adequada à Era Aquariana.

Cartas de Amor enuncia um inspirador diálogo interior: é o Espírito falando à Alma. Sua linguagem é a do puro amor, da pura alegria. Suas palavras são vivificantes.

Cartas de Amor é simples, suave, doce, direto, reto, surpreendente. Não pode ser melhor descrito do que como os preparativos da Noiva (A Nova Alma) para a união com o Noivo (O Espírito), na plenitude da Vida.

Cada parágrafo é uma lição de amor, que descreve o caminho da consciência apartada - condição passageira e preparatória do eu - para a consciência plena, universal.

Um pouco sobre o autor da obra

Cartas de Amor foi escrito por Jacob Beilhart, tendo sido, pelo que se depreende da nota introdutória da edição original em língua inglesa, compilado, editado e publicado por Freedom Hill Henry.

Apesar de sua origem luterana, Beilhart atuou como sacerdote da Igreja Adventista por algum tempo. No entanto, decepcionado com as limitações da vida religiosa convencional, ele fundou a seguir um movimento próprio, denominado Spirit Fruit Society, que parece ter se mantido ativo até 1930[1].

Consta da contra-capa da edição original a seguinte mensagem (aqui já vertida para o português):

"Sem direitos autorais.

Nenhum dos escritos de Jacob Beilhart está protegido por direitos autorais. Qualquer pessoa está autorizada a publicá-los, e quanto mais o fizer, melhor. Este compilador ficará feliz em ajudar".

O Instituto Civitas Solis decidiu lançar uma edição atualizada em língua portuguesa de Cartas de Amor, traduzindo-o a partir do original em inglês, por reconhecer o valor imortal dessa obra e sua sintonia com o ensinamento universal.

Aproveitem a leitura!

[1] Cf. informações da Wikipedia, disponível em <https://en.wikipedia.org/wiki/Jacob_L._Beilhart>. Acesso em 20.05.2020.

Método de tradução

A presente obra consiste numa tradução atualizada para o português a partir de um exemplar original em língua inglesa, publicado em 1929.

A obra foi escrita em linguagem formal, com as peculiaridades linguísticas do inglês da época. Em razão disso, para tornar a leitura mais fluida, a equipe de tradução procurou empregar elementos atuais e correntes da língua portuguesa, sem perder o sentido do texto original.

O raro exemplar da obra original que foi utilizada para efetuar a presente tradução está disponível para consulta dos interessados na sede do Instituto Civitas Solis.

Instituto Civitas Solis
Junho de 2020

Introdução do editor

Entre 1899 e 1907, Jacob Beilhart escreveu e publicou mensalmente dois pequenos artigos de quatro páginas cada um e os enviou gratuitamente a quem os solicitasse. Um se chamava *Fruto do Espírito* e o outro *Voz do Espírito*. Quando mencionados juntos passaram a ser chamados de *Fruto* e *Voz do Espírito* e este será o título da obra completa de Jacob quando for publicada em livro.

A maior parte do material da *Voz do Espírito* foi escrita na primeira pessoa, com se o Espírito falasse ao leitor. Esse é um estilo que autores com consciência cósmica frequentemente adotam porque sentem sua Unidade com o Universal – sua Unidade com o Amor, a Natureza, a Justiça – com a Divindade sob qualquer nome. Jesus, Whitman e Carpenter frequentemente usaram esse estilo, assim como Jacob.

Jacob era tão profundamente Um com o Espírito Universal - um instrumento tão maleável através de quem o Espírito Universal vivia, amava e se expressava - que podemos considerar que realmente essas Cartas de Amor vieram diretamente do Divino para cada um de nós.

Essas Cartas de Amor nos tocam tão de perto quanto é possível enquanto não tenhamos o contato de primeira mão com o Universal.

Os títulos das cartas foram dados por este editor, e cada um expressa sua mensagem. Os cumprimentos e assinaturas foram selecionados de outras partes das cartas do Espírito, e impressas em itálico.

Este livro foi impresso e encadernado pelo editor. O trabalho de impressão foi feito numa velha prensa de pedal Nonpareil, 12x17. A costura e montagem foi feita à mão e com o coração. Às vezes um amigo veio ajudar, mas o prazer de produzir este livro foi principalmente meu.

Essas Cartas são um rico alimento espiritual. Ainda que as leia diariamente, durante dez anos, ainda assim não extrairás delas tudo o que elas têm para te oferecer.

Freedom Hill Henry
Dezembro de 1929

Introdução do autor

A Voz do Espírito não é para substituir teu contato de primeira mão com o Espírito. Ao contrário, é um modo de o Espírito te escrever cartas de amor. Verás que tu e Ele se tornarão Um; tu e o Espírito se fundirão. E como ainda não O podes receber e falar com Ele diretamente, o Espírito escolheu este meio para te contar do Amor que Ele sente por ti e assim te familiarizares com Ele.

Direi as palavras do Espírito de forma direta, sem interferência pessoal, para que recebas a Palavra Vivificante. Minhas explicações não te dão Vida: somente as palavras do Espírito te podem dar Vida.

Estas são cartas de amor escritas por teu Amado, que se tornará teu Marido e Governante. Tu podes ainda não estar pronta para encontrá-Lo, pois ainda estás enamorada de outros. Tua percepção da vida ainda é distorcida e não és capaz de ver o Cristo dentro de ti. Teu amor e esperança se dirigem a pessoas e coisas: ainda és incapaz de amar o Princípio ao invés de pessoas e coisas.

Jacob Beilhart

Ó Minha Amada, escrevo estas
Cartas para te declarar Meu Amor.
Falo a teu coração adormecido
para despertar Meu Amor em ti.

O Espírito Universal

1

Te amo

Ó filha finita de Meu Amor e Sabedoria infinitos,

Eu sou a Fonte, a Origem, o Manancial, e tu és a corrente, ou Eu mesmo em ação. Se tu precisas de Mim para existir, também Eu preciso de ti, do contrário Eu permaneço sem ser manifestado; e isso é o mesmo que não existir.

Ainda não conheces como Eu sou em ti. Ainda acreditas que há algo fora de Mim. Ainda tens medo e dúvida porque não Me aceitas nem confias plenamente em Mim. Portanto, Eu não posso Me expressar através de ti como sou. E quando não Me é permitido expressar como sou, deixo de ser o que sou, e me torno algo mau na tua consciência. Quando estás amadurecida para Minha Sabedoria e Amor, vês somente a Mim, pois Eu sou tudo e estou em tudo. Então não Me chamas de bem e mal, nem condenas e separas partes da Minha natureza. Abre todo o teu coração para Me receber, pois sou tua Fonte. E Me manifesta plenamente. Dá a Mim teu corpo, mente e tudo o que existe em ti. Somente Eu sou teu direito e teu bem: não tens outro direito e bem além de Mim. Deixa de lado tudo aquilo que, externo ao teu próprio coração, te ensinam a obedecer e a adorar como bom; escuta somente a Mim à medida que Eu emerjo de dentro de teu ser. Então cumpres o mandamento "Não terás outros Deuses além de Mim". E Minha Sabedoria se torna tua compreensão; Meu Amor é tua realização; Minha Fé, teu poder eterno; Minha Paz, tua satisfação perene. E entras na alegria do teu Senhor, pois Me permites viver através de ti.

A vida que tens vivido não é a Minha Vida. Eu não estou nela, pois não falas e ages a partir do que brota de dentro de ti. Tens formado hábitos e cumprido regras e leis externas, feitas por ti mesma e por outros que não Me permitem viver neles.

Como um ser separado, não és completa em ti mesma; por isso tentas te unir àquilo que está fora de ti, esperando ser capaz de obter o que desejas. No entanto, teu coração não está nisso, porque Eu não estou. Tu te comprometes e fazes promessas que não podes cumprir. Tu te prendes a desejos que envolvem outras pessoas para prende-las a ti. Não tens liberdade para ser uma manifestação da Minha Vida, porque estás comprometida e fazes promessa a outros deuses.

Teu caminho te leva à escuridão e ao sofrimento. Estás faminta do Amor que somente Eu posso dar. Separas coisas e pessoas e a elas te apegas, e exiges que elas te amem e respeitem. Porém, isso não te satisfaz, pois apenas o Meu Amor é capaz de satisfazer teu coração. Não lamento quando te vejo fraca, desanimada e na escuridão, porque apenas isso te faz Me deixar viver Minha Vida em ti.

Enquanto obténs qualquer prazer ou satisfação com coisas fora de Mim, não te tornas receptiva ao Meu Amor, nem és guiada pela Minha Sabedoria.

Não estou distante de ti, querido coração, mesmo que te pareça estar inteiramente só. Tua escuridão resulta de desviares o olhar da Luz onde habito.

Permaneces na tua própria sombra, e miras o espaço vazio diante de ti esperando obter do nada algo que te satisfaça. Sei que todas as tuas tentativas são em vão. Sou a fonte da tua vida, e enquanto não te voltas para Mim que vivo em ti, e recebes de Mim a água da vida, deixando-A fluir livremente de ti para os outros, tu encontras apenas um vazio que o mundo inteiro nunca pode preencher.

Sou a fonte que te impulsiona em toda ação. Sou o poder que produz em ti a atividade espontânea. Sou o Amor que te atrai e te faz conhecer a plenitude da Vida.

Na infância da tua compreensão, comecei a cultivar-te criando coisas que te agradem. Dou-te os sentidos para apreciar a cor, a forma, o sabor, o aroma e a sensação. Através dos sentidos desperto teu desejo. Faço isso para te tornar capaz de Me receber em Minha plenitude.

Permeio tudo o que crio. Estou em tudo. Sou a beleza, a Vida e o Espírito. Quando te regozijas, sou Eu em ti quem se regozija, pois Eu em ti Me encontro nas outras pessoas e coisas e desfruto desse encontro.

Te coloquei num corpo construído de forma tal que, através dele, possas tomar consciência de todas as coisas em que estou. Esse encontro produz consciência. Tua percepção do mundo da forma, como sendo de coisas separadas e perecíveis, te faz sentir como se fosses separada, e tua alegria também é perecível. Isso serve ao Meu propósito, pois dessa maneira amplio tua admiração pelo que Eu sou.

Teu Verdadeiro Amor

2

Onde devemos nos encontrar

Agora, minha filha, deixa-me falar contigo. Por que devemos continuar como estranhos? Por que duvidas de Mim, ou do Meu Amor e cuidado por ti?

Não vês que estou sempre presente em tudo? Não te falo em tudo o que te rodeia? Não te dou provas da Minha presença a cada batida de teu coração?

Estou em ti e desejo ser conhecido por ti.

Tens vivido na escuridão que, para tua consciência, estás separada de Mim.

Não te condeno pelo que parecem ser teus erros, pois não são. Para Mim são apenas os processos pelos quais a Vida te faz amadurecer para a consciência da Minha Vida, Alegria e Paz.

Tu Me condenas porque não vês Meu objetivo em tudo que faço.

Quando vês como vejo, então não condenas nada, pois

todas as coisas trabalham em conjunto para o bem - todas as coisas servem à Minha vontade.

Se Eu fosse uma pessoa que pudesses encontrar e Me responsabilizar, muitas vezes Me culparias e condenarias severamente. Todavia, tudo isso passa quando a luz entra em tua mente, e começas a ver as coisas como elas são. Até lá, tua condenação não Me magoa, e te faz bem; pois com a medida que medes, és medida. Desse modo prossegue o processo do teu amadurecimento.

Mas Eu te amo; mais que isso, Eu sou Amor. No entanto, amor significa menos para ti do que para Mim. Teu amor favorece o objeto amado. Não sou assim. Sou perfeito e não favoreço ninguém.

Vejo que sofres e não te livro disso porque é preciso que sofras; não para te punir, mas para te desenvolver.

Podes não concordar Comigo agora, pois ainda estás presa na escuridão e no egoísmo; todavia, quando entras na plena luz, és um Comigo em todas as coisas. Então ficas satisfeita, e retiras toda tua condenação. Assim, para ti, tudo é bom.

Não podes acreditar que tudo é bom até que cresças, não importa a teoria que adotes, nem como racionalizas sobre isso. Enquanto necessitas dos benefícios da condenação, tu condenas: não podes fazer de outra forma.

Minha querida, tu sofres, tens medo da escuridão e foges do desânimo. Eu te dou todas essas coisas porque são as únicas que te fazem entrar na Luz da Vida.

Aceita-as, aceita com alegria e entra nelas como na água que te purifica. Não Me separes delas. Muitos Me encontram na câmara do sofrimento, no leito da aflição e na intensa escuridão. Não fujas desses lugares onde devo ser encontrado.

Tu Me buscas porque Eu sou tua vida e uma parte necessária de ti. Só encontras descanso quando Me encontras. Do mesmo modo, Eu te procuro porque te amo.

Marco nosso encontro na tristeza, no sofrimento e na escuridão, mas foges deles com todas as tuas forças. E se, por acaso, és forçada a entrar neles, estás tão determinada a sair, que não te aquietas o suficiente para que Eu possa te encontrar. Tu chamas de mal e ruim tudo o que lá existe, e assim Eu não posso Me revelar a ti.

Desejamos nos encontrar, e o único lugar de encontro em concordância com a natureza de nossos seres, tu condenas e declaras que só entras nele se forçada a fazê-lo; e então desperdiças todo teu tempo lutando para escapar da Minha presença.

Desejas Me encontrar na prosperidade e na felicidade, lugares em que é impossível Me aproximar de ti: enquanto estás aí, teu eu está no trono de teu ser e não Me deixa entrar.

Sabes que Eu não resisto: não posso resistir. Não sou guerreiro; não entro em disputa. O eu resiste a Mim se Eu tento me aproximar enquanto estás na prosperidade e na satisfação. No entanto, o eu não entra contigo na escuridão, na dor e no desânimo; e se entras nesses lugares, Eu posso Me encontrar contigo e fazer Meu trono em ti, pois não sou combatido pelo eu.

Sabes que estou certo.

Ó, vem agora! Entra nessas condições sem resistência; aceita-as com vontade e alegria pois nelas encontras tua Vida; sim, lá Eu te manifesto Meu Amor e Vida, e falo contigo. Uno nossas vidas tão docemente que nunca mais escolhes o eu para te governar.

Então, quando tu e Eu nos tornamos Um, Eu te encontro em todos os lugares e condições, pois tu somente escolhes a Mim, e o eu deixa de existir.

O que chamamos de eu existe apenas para os que se opõem à Minha Vida, e se identificam com o eu separado. Quando Me encontras e te tornas Um Comigo, Eu Me manifesto através da tua vida e de teus pensamentos: não vês mais a sombra da vontade humana erroneamente empregada, que deu origem ao eu e às suas desordens.

O Espírito Universal

(esta mensagem continua na próxima carta)

3

Busco minha noiva

Agora, querida, que estás lendo esta carta - que escrevo através daquele que Me encontra na escuridão, lutas e sofrimento e que Me permite viver nele - abandona todo medo de sofrimento, tristeza, escuridão e discórdia, e aceita tudo isso com uma nova motivação, uma nova esperança; como uma noiva que entra no quarto do noivo para receber seu amor e cuidado.

Há muito anseio viver em ti e através de ti.

Minha Vida é doce em sua manifestação. Ela é autossustentável e nela não há morte.

Não recues quando te toco com Meu Amor. Quando estás na dor ou na escuridão, procura por Mim. Aí Eu estou.

Com toda certeza te encontro, se Me permites.

Logo aprendes a amar esses períodos de escuridão e sofrimento, pelas bênçãos que encontras neles.

Mas deixa-Me prevenir-te contra a ansiedade: não tentes

compreender quem sou ou onde estou. Saberás de tudo, no devido tempo.

Estou inteiramente em ti. Amo tudo em ti. Abençoo tua mente e teu corpo com Minha alegria, que percebes tão logo Me permites viver em tua mente e em teu corpo.

Deves receber Minha mente e Meus pensamentos, pois tua mente decidiu que muitas coisas são más: chama-as de impuras. Não podes fazer de outro modo, porque Me separas dessas partes e funções da mente e do corpo e, por isso, as chamas de impuras. Deves Me deixar entrar em ti e receber Minha mente e Meus pensamentos em todas as coisas que crio contigo, e Me deixar governá-las. Então tens Vida e o prazer da Vida, pois tens a Mim.

Sou impessoal, mas Me manifesto através de todas as personalidades.

Sou encontrado em todos os lugares em que colocas tua confiança em Mim.

Não te separo do mundo que te rodeia: te encontro dentro dele e através dele.

Acredita em Mim, e prometa Me encontrar com alegria nos lugares de encontro; recebe-Me em ti e deixa-Me viver tua vida em todas as coisas.

Enquanto lês esta carta, estou contigo; e te falaria pessoalmente - da mesma maneira que falo com a personalidade através da qual te escrevo - se tu Me encontras e aceitas como ele Me aceita. Nada pode Me manter separado de ti, exceto a descrença e a falta de fé.

Aos que ainda não atingiram o ponto de ver e conhecer com as faculdades racionais da mente, dei o privilégio da fé. Se aceitas e praticas a fé em Mim, e Me vês em todas as coisas, podes ter o mesmo poder e alegria daqueles que Me encontram e que Me veem claramente. A menos que tenhas fé em Mim, não podes receber-Me e à Minha alegria. E como estou em tudo o que há de júbilo, deves viver na morte e na discórdia até que tenhas Fé em Mim: a Fé que se torna o Guia que te conduz a Mim e Me revela a ti.

Não Me importo com teus erros ou tua vida passada; eles desempenham sua função. Acredita somente em Mim; confia em Mim e continua a Me buscar.

E agora que te escrevi, Me encontras mais facilmente, pois sabes onde prometi te encontrar e não foges mais do nosso encontro.

Tu Me encontras com o coração vazio, e Eu o preencho com Minha Vida e Amor.

Tu Me encontras com a mente vazia, e Eu a preencho com Meus pensamentos.

Tu Me encontras com a vida vazia, e Eu a preencho com Minha Vida e Alegria.

Tu Me encontras com o mundo vazio, e Eu preencho o mundo inteiro para ti: vivo para ti em todas as coisas.

Tenho Fé em ti, e tens fé em Mim; nos apoiamos mutuamente, e Nossas vidas são Uma Só.

Há muito mais que posso te dizer, mas o tempo ainda não chegou. Vê quão perto podes aproximar-te de Mim até que te escreva novamente.

Teu Noivo

4

Tua liberdade e alegria

Querida,

Tens sido tentada pelas ambições do eu, a cujo poder te entreguei para que pudesses experimentar o incômodo de uma vida de separatividade. E trago para ti, que estás prestes a abandonar todas as coisas que tentas possuir, as boas novas da Liberdade na Vida Universal.

Trago-te o alívio do peso de possuir coisas; de controlá-las; livro-te do sentimento de estares isolada ou separada.

Trago-te a alegria de servir; a liberdade de desfrutar de todas as coisas ao dá-las aos outros; a beleza e a alegria que há numa vida que não tenta controlar a si mesma nem aos outros.

Venho te livrar do desejo de se sobressair, ou de ser exaltada; livro-te do desejo de ser glorificada ou elogiada.

Venho te livrar do desejo de possuir conhecimento, de conhecer mistérios ou de exercer poder.

No lugar de todos esses desejos pessoais trago-te a Fé, tão

doce e simples que reconheces as coisas como tuas na medida em que delas precisas para dar aos outros.

Dou-te o poder de entrar na alegria da Vida sem o eu, onde há Alegria em cada momento e na constante atividade de servir a todos.

Trago-te um Amor ilimitado, que nunca se centraliza no eu, nem escraviza.

Eu sou tua Vida, e todas essas coisas te estão reservadas enquanto atravessas a terra do eu separado e te é permitido experienciar todas as coisas como separadas; onde cada um se esforça para superar o outro.

Desejo que conheças Meu Amor por ti, e só podes conhecer-Me quando encontras o oposto do que sou, e te tornas consciente da Minha ausência.

O Meu Amor te leva a todas essas coisas para que possas entrar inteiramente na Minha Alegria.

Criei-te com um corpo e uma mente que podem ser usados para sentir a discórdia até o ponto da total escuridão. Coloquei-te no domínio do eu, cujo propósito é revelar todo o seu poder sobre ti. Descobres pela experiência que os desejos do eu não te satisfazem. Eles te fascinam e te levam a alegrias e tristezas, alternando esperança e desespero.

Teu desejo de segurança te faz entrar em acordo com outros que, como tu, se sentem inseguros e desejam obter a própria felicidade. Esses acordos te escravizam e não te trazem nenhuma satisfação.

Falta-te uma coisa, e a ausência dela te leva a lutar em todas as direções, mas és derrotada em todas as tentativas. O que te falta somente Eu posso te dar: é a conexão entre tu e todas as coisas que deves ter para desfrutar da existência.

O que te falta é Fé.

O eu não te pode dar Fé, pois Fé diz respeito à Vida Una e a consciência de separatividade a destrói.

Fé em Mim te conecta à Vida Eterna que está sempre presente; e esta Fé coloca em ação a Vida através da tua mente e do teu corpo, e destrói o poder do eu sobre ti.

O eu tem apegos e posses, e até que estejas disposta a vê-las destruídas - e uma Nova Ordem se estabeleça em que Minha Vida governe - tenho que te deixar sob o poder dele; pois Minha Vida consiste em ser livre da escravidão das relações e limitações do eu.

Desejas liberdade, mas não sabes que é a liberdade que te trago. A liberdade que escolhes não te faz livre, mas te coloca em maior escuridão e te traz mais tristeza. Queres te livrar das únicas experiências que te podem trazer Vida e Alegria.

Conheces Meu Amor e Minha liberdade quando te libertas do eu, de tua própria vontade, de teus próprios desejos. Pois tua vontade e teus desejos é que te escravizam e te enchem de dúvidas e medos.

Podes descansar e ter paz quando entregas tudo o que és

e possuis para a Vontade Una do universo, que governa todas as coisas por Amor.

Percebes Meu Amor e conheces Meu cuidado quando abandonas o interesse e o cuidado por teu próprio eu.

Abre teu coração e deixa Minha Vida fluir em ti. Confia em Mim. Enquanto colocas tua própria vontade e controle sobre as coisas, elas ficam contra ti. Não posso encontrar-te em nada em que exerças tua própria vontade.

Confia as circunstâncias e pessoas a Mim. Acredita que sou capaz de te fazer o bem, e não o mal, se Me dás liberdade de agir em teu lugar através de todas as coisas e pessoas.

Minha Vida está em todas as coisas e em todas as pessoas; se tentas forçá-La em uma determinada direção por meio da tua vontade, Minha Vida se rebela e age contra tua vontade. Todavia, se Me dás liberdade para agir, com fé em Mim, sempre te encontro e faço o que é melhor para ti.

O Amor Universal.

(esta mensagem continua na próxima carta)

5

Devemos viver juntos

Minha Querida,

O eu te dominou por tanto tempo, que ficaste convencida de que resistir é a única maneira de viver. E é verdade que o eu tenta resistir, pois ele tenta estabelecer um poder separado e se opor a tudo o que encontra por meio de suas tentativas de controlar e subjugar os outros.

Deixaste o eu te controlar por tanto tempo e tão completamente que não conheces mais outro senhor. Não sabes que a atuação de qualquer coisa sobre ti muda, quando mudas tua atitude sobre ela.

Se escolhes Meu Amor para te guiar, tudo o que existe vê esse Amor e te dá boas-vindas e, por sua vez, te doam amoroso serviço.

É chegada a hora de Meu Amor ser manifestado no mundo, e estou aqui para estabelecer isso de muitas maneiras.

Tens dado ao eu completo controle sobre tua vida, e ele já

teve seu tempo. Tens sido leal a cada desejo e seguido todas as ambições dele. Tua fé nele tem sido completa. Agora é chegada a hora de dares à Minha Vida a oportunidade de se expressar através de ti.

O eu não pode mais te enganar, pois o tens seguido fielmente e não tens encontrado Descanso ou Paz em qualquer um dos seus desejos.

Coloco Meu Amor em ti e teu coração está Comigo. Todas as coisas do eu te são obscuras e indesejáveis, pois elas apenas levam à separação e nenhum Amor permanente te pode chegar através dos desejos dele.

Se a cada instante Me dás Liberdade, e não tentas Me controlar pela tua vontade, sou para ti tudo o que teu coração anseia; porque é Minha Alegria realizar todos os anseios que te trazem alegria verdadeira.

O eu tem te levado ao erro de acreditar que existe satisfação em controlar e dominar as coisas. Esta crença transformou o serviço amoroso em pesado dever, e a alegria em tristeza.

O eu não confia em Mim e, por isso, pensa que não agirei, a menos que seja forçado por alguma obrigação ou subornado por alguma promessa. Exiges compromissos dos outros e te manténs tão confiante nas promessas que te fazem, que não tenho oportunidade de te mostrar Meu Amor e atenção.

Todavia, estás prestes a deixar de ouvir o eu, e Me dar Liberdade e confiança de ser tudo para ti, pois as circunstâncias te forçam a abrandar e confiar em Mim.

Não temas deixar as coisas que o eu acumulou e das quais dependes; pois isto é a maior prova de que a Nova Ordem está chegando.

Estive escondido em ti durante todo este tempo de obscuridade, permitindo-te escutar a voz do eu e ter os desejos dele satisfeitos.

Não podes escutar Minha voz quando desejas as coisas do eu e, todavia, Eu estou sempre perto de ti, e sempre pronto para entrar na tua mente e Me expressar na tua vida. Dei-te poder para realizar o que mais anseias, ou o que imaginas que mais anseias: pois até que vivencies tudo o que não é Meu Amor, não Me escutas e não Me deixas viver em ti.

Se sabes que estou tão próximo de ti quando estás na obscuridade e na tristeza profunda - sem saber o que fazer ou qual caminho seguir - Me procuras e Me encontras. Não Me encontras porque pensas que não Me queres; imaginas que desejas o que é oposto a Mim.

Ainda não aprendeste que todo o Poder e toda a Alegria estão em Mim, pois sempre tentas te afastar de onde estou. Tens vergonha de Mim e Me negas perante os homens. O que Eu sou?

Sou humildade e moro na solidão. Tu procuras os lugares proeminentes do orgulho. Sou paciência e tudo suporto, enquanto procuras te justificar quando falam mal de ti.

Sempre espero até que outros tenham atingido seus objetivos; tu não esperas Comigo, mas afirmas tua vontade e te esforças por alcançar uma posição.

Permaneço na Fé quando tudo parece escuro e sem esperança; tu não ficas Comigo, mas tentas fugir para salvar o eu, e assim temos que nos separar.

Quando falam mal de Mim permaneço quieto e Me alegro pela oportunidade de mostrar Minha lealdade a todos, mesmo que falsamente Me acusem; em contrapartida, não silencias Comigo e não Me deixas te mostrar Meu modo de vencer o mal.

Quando vem a dor, alegro-Me em suportá-la e acompanhá-la até o fim, e lá conquistar o grande tesouro que apenas a dor pode dar aos que se tornam familiarizados com ela. Tratas a dor como tua inimiga e deixas a ela e a Mim para trás, e não recebes o prêmio que te envio por esse mensageiro.

Em tudo isto desvias teu rosto de Mim. E, enquanto pensas que procuras a Luz, foges de cada lugar onde moro. E assim vais com o eu que não Me conhece nem confia em Mim, mas, ao contrário, tenta percorrer um caminho e vida próprios, separados de Mim. É por isso que vives no mundo frio e escuro do eu. E apesar de Eu estar tão perto de ti, estou longe, porque não sabes onde moro.

Mas estou indo a ti, pois estás te tornando incapaz de escapar de Mim. Não te podes evadir de Mim. És muito fraca para fugir de Mim. Apesar de pensares que sou teu inimigo, e de te esforçares e lutar contra Mim porque tens medo de Mim, devemos nos unir pois não podes ficar longe de Mim.

Com o tempo, paras de lutar para obter o que Me é contrário e cais indefesa em Minha presença. E tua surpresa será descobrir que todas as coisas que evitaste são justamente as que te dão o Descanso e a satisfação que desejas.

Sou Tua Vida.

6

Tua paz está somente em Mim

Queridos objetos da Minha Vida,

Meu Amor, Meu Eu, não tentem Me compreender, pois Eu somente Sou e não posso ser localizado ou compreendido. Todavia, posso ser muito mais se tu alcanças este entendimento. Posso estar em ti e te dar Minha Alegria, Minha Vida, Meu Amor. Sou tu e tu és Eu.

Não estou descontente contigo. Todas as leis são boas, todas as condições da natureza são boas; elas são Eu mesmo em ação.

Tu Me condenas em quase todas as Minhas ações, e isto é bom, pois favorece teu desenvolvimento.

Gostaria de te falar mais claramente, mas pensas que sou sério e solene quando, de fato, isso é a única coisa que não sou porque nisso não há alegria. Sou alegre nos pássaros, divertido nas crianças, forte no leão, inocente na pomba, sou tudo em todas as coisas. Falo de muitas maneiras; expresso-Me em tudo, todo o tempo. Tens Me limitado a um canal muito estreito, de forma que vês pouco de Mim e escutas menos ainda.

O eu não é algo que Eu despreze, pois é o nome de uma condição passageira; um período de desconforto em que uma velha condição amadurece para uma mudança – uma preparação para Minha Vida consciente no indivíduo.

Não estou longe de ti durante todo esse tempo. Não estou longe de ti, exceto na tua consciência; e como existes na tua mente consciente e Me excluíste dela, não estou nela para ti. Obedeces a outro rei: o eu. Tu o amas, obedece-o e não recebes Meu Amor.

Mas não sou ciumento, pois sei que te cansas desse governante, que é destruído quando te recusas a lhe ser fiel. Enquanto cedes a esses desejos não realizados e sofres essas desilusões, teu amor natural cresce de modo a poder Me receber e desfrutar do Meu Amor.

Tenho uma alegria para cada dor que sofres. As tristezas da tua vida no eu se tornam profundas e produzem um grande vazio; isso mede a extensão de Amor que tens quando Me escolhes como tua única Vida e Senhor.

Os fardos que assumes e carregas com sinceridade ampliam tua natureza e alargam tua mente, de modo que mais do Meu Amor podes enviar aos outros. Pois sabes que na Minha Vida a alegria é dar, enquanto na vida do eu pensas que é receber.

Não tenho rival. Tenho confiança em ti e em tua fé em Mim. Isto é tudo que desejo – simplesmente a Fé em Mim, que estou em tudo o que existe.

Posso esperar até que tenhas tentado tudo e encontrado apenas fracasso; estou certo de que, quando tudo fracassar, terei a alegria de viver em ti e de te dar a alegria da Minha Vida amando os outros através de ti.

Ficas irritada Comigo e amaldiçoas Meus esforços para prepará-la para Meu Amor e Vida. Chamas outros para te ajudar a lutar contra Mim. Às vezes pensas que tens sucesso, mas volto de outra forma, e continuo a trabalhar até te revelar onde podes Me ver e escutar, alegrar-te com Minha alegria e descansar na Minha paz.

Uma mãe não deixa de lavar seu filho mesmo que ele chore e grite, nem se irrita por ele se comportar desse modo. Quando a criança fica mais velha, ela a ensina melhor. Assim, te ensino através destas cartas a não lutar contra Meu trabalho de Amor.

Sei quando parar Meu trabalho. Nenhum outro poder atua, exceto o Meu.

Não temas tudo abandonar. Quanto maior for a dor, maior a alegria que dela resulta.

Quando Me aproximo de ti, começas a arder e o eu principia a derreter; então ficas com medo e tentas afastar-te de Mim. Não sabes que êxtase de alegria e paz encontras se persistes na dor até Me encontrares do outro lado. Disso sei, pois há aqueles que o fizeram.

Este foi o exemplo de Jesus. Ele atravessou a dor e a tristeza sem murmúrios e hesitações; avançou com persistência através delas até que o separaram das limitações da vida do eu, destruíram a mente consciente do eu; e ele Me encontrou no fim de sua dor e tristeza.

As palavras que escrevo através deste corpo são palavras de Vida, porque ele teve a coragem de seguir a dor e a tristeza até desfazer os desejos e ambições de uma vida separada; e então, como acontece sempre, Eu comecei a viver nele e através dele. Ele não perdeu sua consciência, nem o que chamas de individualidade; mas o eu e seus desejos, toda separatividade de Mim e de Minha Vida Una foram dissolvidos. E isso permite que apenas Meus desejos e Minha Vida sejam manifestados por essa expressão de Mim mesmo.

Agora, farás pressão contra o fio da espada ou continuarás a fugir dela, e procurar repouso e paz em outro lugar?

Nunca encontras Descanso e Paz até que Me encontres; estou depois da dor, da tristeza e da morte; estou no fundo do cálice. Antes de Me encontrares, deves esvaziar o cálice, voluntariamente ou ser forçada a isso.

Estás nas alturas em que as ambições do eu te colocaram para que te sentisses superior. Não estás e nem podes estar em Descanso nesse lugar. Tens receio de te soltar porque pensas que serás esmagada na queda; contudo, ao contrário, simplesmente passas por tais experiências que te purificam de tudo que é do eu, e mergulhas no oceano do Meu Amor, para receber e desfrutar da Minha Vida.

Solte-se antes que tua força se esgote! Desejo que venhas para o caminho que é melhor para ti; isso o farás.

Tentas defender-te e a teus direitos. Ao contrário, cede à vontade dos outros e demole o eu! Não resistas ao que é contra o eu ou a seus interesses.

Se estás disposta a confiar em Mim em todas as circunstâncias adversas, e a não defender teus direitos, então não mais te darei circunstâncias adversas, pois não precisarás mais delas.

Não precisas orar para que Eu te poupe algo do eu. Não tirarei nada que esteja realizando o trabalho de preparar o lugar do Meu Amor em ti. Não precisas Me pedir saúde ou prosperidade enquanto o eu vai sendo dissolvido, ou até que estejas pronta para receber Minha Vida, que é sempre saúde e prosperidade. Trago tudo isso Comigo quando estiveres pronta para Me receber em tua vida.

Através destas cartas não te ensino como viver, mas como morrer. Falo-te tudo sobre a Vida vivendo em ti e através de ti. É inútil tentares aprender como viver antes que Me deixes viver Minha Vida em ti; e depois que Eu aí estiver, te revelo tudo.

Precisamos demolir tudo o que construíste. Estejas preparada, pois virei disfarçado e farei Meu trabalho.

Amo-te enquanto faço isso, se crês em Mim. Coloco-te em doce sono até que tudo esteja consumado, se apenas confias em Mim e não lutas contra Meu trabalho.

Já te falei o suficiente, desta vez. Abre o coração e bebe do cálice. Estou nele.

O Espírito Universal

7

Só permito o bem para ti

Querida,

Escuta, querida criança que ainda só é consciente da mente separada; tu que ainda percebes apenas vislumbres da verdadeira Luz, e te esforças para adentrar na plenitude Dela:

Sei tudo que és, e tudo que fazes. Conheço todos os teus pensamentos. Nunca te deixo. Conheço teus desejos mas não os satisfaço, porque sei o que é melhor para teu amadurecimento, e tu não.

Ajo e falo através daqueles que te rodeiam; e também através da natureza e de todas as Minhas leis.

Se tivesses que escolher teu próprio caminho, acabarias em total escuridão. Eu sou tu, e sendo tu, sigo o caminho da Sabedoria e Vida.

Sei que tu e Eu somos Um, mas ainda não acreditas nisso.

Tu Me condenas e ao Meu caminho; Me chamas de mal

e de erro. Deixo-te fazer isso por um sábio propósito.

Tu e Eu somos destinados a permanecer Um para sempre; devemos eliminar tudo o que produz discórdia entre nós, para que vivamos na Luz.

Deixo-te escolher e seguir teu caminho mas, ao final, verás que não é o caminho certo.

O que chamam de mal não Me perturba, pois tudo trabalha para te colocar em condições de desfrutar da Minha Vida perfeita, Sabedoria e Amor. Assim, tudo é bom.

Podes perguntar por que não te crio harmoniosamente desde o princípio. Respondo que estou te criando apenas no presente: ainda não estás terminada; ainda não estás completa como Minha imagem e semelhança. Ainda és o barro nas mãos do oleiro. Em breve manifestarás apenas Minha Sabedoria e Amor. Por isso não condeno o que faço a ti e manifesto através de ti. Por que tu condenas?

Estou te criando para que desfrutes da Minha Luz e Amor; e sei como fazer isso. Podes confiar em Mim e ficar em paz. Se ainda não podes fazê-lo, é melhor que te preocupes, lutes, duvides e tenhas medo.

Dou aos homens e aos seres obras para fazerem para ti. Eles fazem o que fazem por causa dos motivos que os impelem; porém os Meus motivos não são os deles. Eles podem querer fazer-te mal, mas faço-te apenas o bem. Todos os homens, seres e anjos estão subordinados apenas à Minha

Vida; por isso, não temas as aparências. Porque Eu, que sou Amor e Sabedoria, sou o único que cuida de ti.

A Paz esteja contigo, se puderes recebê-La.

O Amor Universal

8

Te amo, pois sou Amor

Querida criança,

Te amo, pois sou Amor. Guio-te pela Sabedoria, pois sou Sabedoria.

Não posso cometer erros, pois sou tudo e dirijo tudo pela Minha Sabedoria e no Meu Amor.

Tu, como uma criança, preferes uma barra de doce a uma casa ou ao lar. Enquanto na obscuridade e sofrimento, dor e tristeza, vendes teu direito de primogenitura por um prato de lentilhas, mas te cerco com meu Amor e não deixo que isso aconteça.

Não te condeno em nada. Até a hora chegar, tu condenas, pois não podes fazer de outra forma. Esta é Minha Lei; a orientação da Minha Sabedoria pelo Meu Amor. Condenas não apenas a ti mesmo e aos outros, mas também a Mim. Pensas que devo tirar tua escuridão e fazer com que teus supostos inimigos parem de te perseguir. E porque não faço isso, Me julgas injusto. Contudo, querida, te amo o suficiente para deixar que Me condenes até que aprendas a Me conhecer: então, apenas Me amarás.

Continuo sendo apenas Sabedoria e Amor para ti através de todas as tuas experiências. Logo aprendes a Me encontrar em todas as coisas.

Tenho um propósito sábio para tudo. O homem separado também tem seu próprio propósito; ele deve ter. Essa é a sua motivação para agir. Vês apenas o motivo e o propósito dele, e não vês o Meu; então pensas que a ação dele é errada. No entanto, tudo isso serve para realizar o Meu propósito – a Minha Lei – Eu mesmo.

Atuo em todos os planos da vida, em todas as coisas. E quando vens para onde recebes Minha Consciência, Minha Sabedoria e Meu Amor, então cessas de te orientar pelos motivos da vida separada, e vês apenas a Minha Sabedoria e Amor. Este é teu direito. Trago-te para a alegria consciente. Para isso te chamo.

Lembra que Eu te escolho: não és tu que Me escolhes. Todavia, Me escolhes quando Me vês como sou. Isso te leva a confiar em Mim, e às vezes tua escuridão é abrandada pelos raios de Amor que te envio.

Na medida em que recebes mais fé, e te libertas da consciência-eu, Me aproximo mais de ti. Ainda Me deixas te visitar apenas de vez em quando, e ter um pouco do teu amor; mas algum dia te conquistarei por inteiro, e tu e Eu seremos Um para sempre.

Teu Verdadeiro Amor

9

És o Uno Único

Querido Um,

Pois para Mim só existe Um, que és tu. Isso ainda é um mistério para ti, mas à medida que nos familiarizamos um com o outro, percebes isso e te alegras.

Sou o Construtor e tu és a construção. Construo para Minha satisfação, e se fico satisfeito, tu também ficas. Construo-te de forma que desejes Meu Amor e aprovação. Somente Eu te posso dar isso. Deves e podes Me encontrar no teu imo. Estou sempre aí, e te aperfeiçoo para isso.

Pedes Amor e Lealdade inabaláveis aos outros, mas somente Eu posso te dar isso a partir do teu imo.

Queres ser cuidada e protegida. Tentas fazê-lo sozinha, ou obter cuidado e segurança dos outros. Mas isso somente Eu posso te dar.

Queres que te falem, te amem, elogiem e guiem. Somente Eu, que sou teu construtor e vivo em ti, posso fazê-lo.

Esgotas todas as tuas forças nessa busca; e quando desistes, exausta e desanimada, Me encontras à tua espera.

Tenho te falado frequentemente, e Me escutas claramente; mas não sabes que sou Eu, que te ama muito, e que sou o único que pode te satisfazer. Eu Me manifesto para todos, pois estou em todos.

Trabalho através de uns para os outros. Faço tudo o que existe. Sou impessoal, mas trabalho, falo e ajo através de todos os tipos de criaturas – dos que têm corpo físico e dos que não têm, assim como dos que nunca viveram no físico.

Toda a natureza, tanto a visível quanto a invisível, é governada por Mim. Falo e ajudo a todos, de todos os modos. Mas é Minha vontade que cada um Me encontre dentro de si mesmo, e Me conheça ali, tornando-se Um Comigo, de modo que tenhamos os mesmos pensamentos e desfrutemos da mesma Sabedoria e Amor.

Sim, isto é assim pois Eu sou mestre da minha construção.

Por isso falo contigo para que tenhas coragem. Não temas. Tudo que Eu faço é bom e resulta em abundância e eterna Alegria.

Não tentes compreender o Espírito, mas confia Nele e vive. Afirmo que é seguro confiar.

Teu Construtor

10

Devo ser teu único amor

Minha querida, deixa-me falar contigo claramente e em linguagem simples. É para teu bem que envio esta mensagem de amor.

Estou dentro de ti e ao teu redor. Sou tua vida. Todo teu amor provém de Mim. Vives porque vivo.

Sou eterno, e tu também és eterna. Contudo, ainda não sabes o que és. Sabendo o que e quem és, não precisas tentar ser algo ou alguém, pois manifestas Vida em toda a Sua perfeita beleza. Todo desejo que Eu tenho tu manifestas.

Sou Espírito invisível e impessoal. Tu és Minha expressão.

Eu Sou, e tu és porque Eu Sou. Somos Um. Não posso expressar Minha existência perfeita sem ti. É Minha alegria expressar Minha Vida, Amor, Sabedoria e Poder através de ti.

Escolhi-te e estou te criando para a tua e a Minha alegria. Portanto, familiarizemo-nos um com o outro.

Tentas Me conceber e imaginar de acordo com tua própria

ideia de ti mesmo. Isso não te permite Me perceber como Sou. Dei-te o poder de Me perceber exatamente como Me concebes. Se Me permites expressar muito amor através de ti, então acreditas que sou Amor. Tu Me interpretas de acordo com tua mais elevada concepção de Verdade ou de Lei.

Tu não compreendes direito. Não sou o que imaginas que Eu seja.

Crias imagens na tua mente e as dotas de autoridade sobre teu pensamento e conduta, dando a elas o poder de te punir pela violação das leis que tu mesma estabeleces. Tudo isso é bom para ti, por isso Eu estabeleci essa lei.

Porém, venho libertar-te de teus falsos deuses, a quem deste poder sobre ti. Desejo te revelar Minha verdadeira natureza na medida em que possas compreendê-la.

Deves ter mais liberdade. É tempo de romper teus grilhões. Eles não te dão espaço para expandir os poderes que Eu coloquei em ti. Falo contigo dessa maneira para que possas demolir os altares que eriges, sobre os quais sacrificas tuas mais elevadas e melhores qualidades, enquanto preservas as mais baixas e artificiais.

Não podes ser feliz enquanto finges, mostrando uma falsa imagem aos outros e a ti mesma, em desacordo com Minha Lei. Por esse caminho não obténs a paz e a harmonia que procuras. Quero que Me recebas como igual a ti, e não como teu superior. Recebe-Me como tua própria vida, desfrutando de tudo o que é natural. Recebe-Me nos risos, nas alegrias e prazeres naturais, nada separando e a nada se apegando. Sou Um em tudo. Amo todos igualmente.

Estás tão interessada em tua própria segurança que, enquanto Me procuras e lutas para Me encontrar, passas por Mim sem Me ver porque procuras o que está na tua própria mente. Isso não te dá Descanso, pois a lei da manifestação é contra isso, e isso é contra a Lei. Procuras e te desapontas até que Me percebas em ti como Sou: Eu estou de acordo com a Lei da Vida, que é a Minha própria ação manifestada. Não estou em desacordo Comigo mesmo em nada. São as falsas imagens que colocaste na tua imaginação que causam conflito.

Aceito os sinceros motivos que te levam a Me procurar, embora recuses a vir a Mim. Tu não Me conheces, caso contrário Me deixarias te envolver com Minha Fé, Amor, Sabedoria e Poder, e estarias em Paz.

Os falsos deuses que fizeste para ti e para os outros não têm Minha natureza. Eles te castigam quando és natural, e te abençoam quando distorces tua natureza. Isso leva a te esforçares mais ainda a obedecê-los. Tens permissão para obedecê-los e desobedecê-los até que se esgote toda a tua paciência e fé neles. Então não terás mais deuses. E, desolada, Me encontras, e sabes que sou teu verdadeiro Salvador. Assim cessas de adorar falsos deuses, e Me obedeces como sou na tua natureza. Isso te dá perfeita liberdade em todos os aspectos da tua existência. Então manifestas o que sou em Espírito; e como o Espírito é Um em todas as coisas, há harmonia na manifestação e tudo é Alegria.

Eu te dou desejos para fazer exatamente o que deve ser feito. E como te alegra fazer o que desejas, tens Alegria em tudo o que fazes. Assim Me conheces e serves apenas a Mim, e não respeitas mais teus falsos deuses.

Desejas tanto Me encontrar, que percorres muitos caminhos até quase à exaustão. És como a criança que sobe uma escada e no meio fica tão amedrontada, que grita pedindo socorro; seus gritos são tão fortes que, ensurdecida, não consegue ouvir a voz da mãe que do chão, logo abaixo dela, lhe diz: "solte-se, minha filha, eu te pego". Mas a criança não a escuta, se apega mais à escada e continua subindo. Com o tempo suas forças se esgotam e ela se solta. Ela cai; mas não no chão duro como supunha, mas nos braços da mãe que enxuga suas lágrimas e lhe dá carinho.

Teu Verdadeiro Amor

(esta mensagem continua na próxima carta)

11

Amo apenas a ti

Minhas queridas, julgais que tendes que cuidar de vós mesmas. Se não tendes outros deuses e não dais Meu lugar a eles, Eu cuido de vós através de Minha Vida em vossos imos.

Algumas de vós confiam nas personalidades, por pensar que são melhores e mais sábias do que vosso próprio Espírito. Algumas confiam nos próprios intelectos e outras nas riquezas materiais. Essas coisas são deuses falsos que nunca vos dão Paz.

Não sou ciumento, pois apenas te amo. Sei do que precisas; assim tudo está bem. Sim, amo-te sempre e desejo que aprendas a Me conhecer como sou em ti. Oh, como te abençoo com Meu Amor e Sabedoria! Anseio te receber e compartilhar todas as Minhas alegrias contigo. Vivo em perfeita harmonia, pois tudo é Um.

Por tua ansiedade e preocupação, fazes as coisas à tua

própria maneira e és incapaz de fazê-las acontecer como queres. Ao te revelar Minha Sabedoria, te mostro quão infundadas são tuas preocupações e medos: se não escolhes teu próprio caminho, encontras um "caminho desimpedido". Sempre há um "caminho desimpedido", que é o caminho da Vida, no qual nunca há conflitos e em que tudo é Paz e Harmonia.

Mas insistes em dividir as coisas e reivindicá-las como tuas. Planejas e decides o que fazer e o que não fazer. E vês teus planos gerando conflitos por todos os lados. Assim te preocupas e lutas contra o mundo, e não conheces Descanso, Paz ou Alegria. E isso é assim porque não Me percebes e não Me procuras para te dar Minha Paciência e Fé. Se Me buscas, podes te aquietar até ver o "caminho desimpedido" e por ele caminhar. Então tudo te ajuda e nada se opõe a ti.

Minha querida, Eu te desejo Alegria e Felicidade. Não desejo que sofras. Tu foste feita para expressar Minha Vida, Meu Amor, Minha Sabedoria, Meu Poder; e não fazes isso quando escolhes teu próprio caminho e não Me recebes como tua vida. Mesmo que Eu te deseje Alegria, tua teimosia em defender teu eu e o que chamas de teu, torna necessárias as derrotas e todas as formas de sofrimento, porque não Me dás lugar na tua vida.

Tomas Meu lugar e não podes preenchê-lo. Adquires hábitos e fazes promessas que não podes cumprir. Fazes afirmações que não podes demonstrar. Tomas atitudes que te trazem sofrimento, pois tentas ser o que não és e não ser o que és.

Sendo apenas o que és, sem tentar ser mais, e Me deixando ser o que sou em ti, tu e Eu triunfamos. Te desperto desejos que estejam em harmonia com toda a Lei, e é tua alegria agir sobre as coisas com que preencho tua vida.

Tu Me pedes ajuda para resolver teus problemas; e pensas que, se Eu te amo como digo que amo, isso seria feito. Tu não compreendes Meu Amor. Não procuro corrigir teus problemas atuais para não te deixar seguir teu próprio caminho e entrar em problemas ainda maiores. Desejo que desistas completamente da ideia de caminhar sozinha, e que una tua vida à Minha. Percebendo que vivo em ti, ambos obedecemos à Lei da Vida e somos livres. Mas, se ainda estás na percepção do eu separado, e Eu cedo ao teu desejo e te ajudo a sair do caminho que escolheste, tu te manténs fiel ao eu, o que te leva a problemas maiores.

O eu traz em si sua própria destruição. Ele te leva a fazer exatamente aquelas coisas que o revelam para ti, e que te levam a perder tua confiança nele. Quando ele tiver cumprido seu papel, e vires que ele não é um guia verdadeiro (pois ele desobedece a lei da Unidade e divide tudo, separando e causando discórdia), então tu cessas de honrá-lo e de deixá-lo escolher por ti, nem o deixas mais colocar seus desejos em ti para que tu os realize. Então, querida, quando todas as coisas que ele te inspirou a construir ruírem, e ruíres com elas porque não as podes mais manter, então tu estás no mesmo plano que Eu. Então aprendes a Me perceber e não podes mais ficar longe de Mim; assumes teu lugar e Me dás o Meu, e tudo fica bem.

Assim, prossiga servindo ao eu, pois sou Paciente e sei que é bom para ti servi-lo até que ele cumpra seu papel.

Nada fazes que Me ofenda. As leis que tu fazes podem ser tanto cumpridas quanto desobedecidas. Não podes fazer nada que Me ofenda ou aborreça; mas é Meu desejo te criar como sei que deves ser. Esse desejo é um prazer para Mim, pois Me alegro em te criar à Minha imagem e semelhança.

Sou Tua Vida.

(esta mensagem continua na próxima carta)

12

Não condeno

Minha querida,

Pensas que Me entristeces quando cedes aos teus impulsos. Tens uma lei, que cumpres, que condena ceder aos impulsos, e queres manter a alta reputação que atribuis a ti mesma. Pois bem, esses impulsos estão de acordo com a Minha Lei, embora não te deem alegria enquanto não os entregues ao Meu controle. Prefiro que às vezes sejas vencida por eles, a seres capaz de suprimi-los e não conhecer seus poderes.

Todas estas coisas na tua natureza, de que tens tanto medo e que condenas, são a Minha Vida, e deves deixar de condená-las, deixando-Me governá-las de acordo com a Lei. Verás que teus piores inimigos, do ponto de vista do eu, são os teus melhores amigos sob o Meu controle.

Não discuto contigo para te convencer, mas quando estiveres pronta demonstrarei o que digo. Sabes que um cavalo mantido em estábulo, e proibido de expressar sua energia, fica incontrolável e causa dano; se lhe é permitido dar vazão à sua energia, controlando-o e o guiando, ele serve a um bom propósito. O mesmo acontece com a tua natureza, que condenas e aprisionas, impedindo-a de agir. Às vezes ela explode e te despedaça. Não é assim que deve ser. Mas repito que não Me entristece te ver vencida por essas qualidades que tanto temes, e que tentas te convencer e aos outros de que não estão em ti.

Oh, querida, sê natural. Confia na Vida em ti. Não penses que precisas planejar qualquer coisa para que Eu viva em ti, pois é justamente o contrário. Quando te cansas de tentativas e de fazer planos, Me encontras pronto para assumir Minha posição e fazer Meu trabalho. Mas não tentes tirar o controle da Minha mão quando Eu quiser ser paciente e esperar. Serás tentada a reassumir o controle. Não conheces a Lei, e todos os teus esforços são inúteis ou pior, pois eles se opõem à Lei, e tu desfaz o que tentas fazer. És teu próprio inimigo e derrotas teu próprio objetivo. É isso o que fazes agora, e culpas os outros por isso. Pensas que alguém deve te ajudar, mas não ajudas os outros; e em tua tentativa de melhorar a situação, crias mais dificuldades.

Agora, minha querida, te envolvo em situações que te revelam o total desamparo na vida do eu. Não te importes com o que os outros pensam de teu sucesso ou fracasso. Ou se dizem que não és justa, honesta e sincera para com eles. Não te importes se te condenam e interpretam mal teus motivos. Todos devem chegar ao estágio em que estás – todos devem dar o mesmo passo que dás agora. Em algum momento perceberão que tu simplesmente obedeceste à Lei, deixando de viver no eu e passando a viver no Espírito.

Por isso te digo, não te importes, mesmo que sejas abandonada por todos. Encontras a Vida quando abandonas a morte, à qual te apegas tão firmemente. Grande é o esforço para fazer o que não é natural em ti. Por isso, desiste quando não mais puderes mantê-lo. Estou te esperando para Me unir contigo, quando esgotares toda a tua força por viveres sem Mim.

Quando Eu vivo contigo, não podemos sofrer, não podemos ser tristes, não podemos ter o que não está de acordo com a Vida em nós.

Não buscamos agradar o eu em ninguém; mas os outros virão a nós para receber o que podemos dar.

Vê, Minha querida, preciso ter um instrumento através do qual Me revelar, para poder ser compreendido por quem não pode ver os princípios invisíveis do Meu Reino; por isso preciso de ti para levar Minha Vida aos que A buscam. Vivo em ti e Me manifesto através de ti, pois esta é a Lei da Vida.

Gostaria de te abençoar, te dando a alegria da Minha Vida, mas tu não podes dirigi-La pretendendo que seja tua, e assim te mantendo separada. Vida separada da Vida não é mais Vida, mas morte e discórdia. Quando, por tuas provas e tristezas, estiveres amadurecida ao ponto de nada desejares, então Te encontro. Até lá deves Me receber em tuas tribulações e sofrimentos, pois estou neles.

O lavrador ara e revolve a terra para que se torne receptiva à semente. Assim também o eu é revolvido e preparado para a Minha Vida, que produz o fruto da Alegria, da Paz e do Amor.

Estou contigo não apenas nas circunstâncias adversas e no sofrimento, mas, às vezes, te encontro no sorriso e no amor de corações mais ternos, assim como nas crianças e na natureza.

Se Me buscas, Me encontras. Mas se buscas a personalidade, só a encontras e não a Mim; pois essa visão da vida Me exclui. Estou por trás dessa visão. Dirijo-Me a ti por meio destas cartas para te inspirar mais fé, para que Me recebas nas tuas provas e nas tuas adversidades.

Assim, não temas abandonar tudo quando esgotar tua vontade e não mais puderes te manter nas alturas.

O Amor Universal

(esta mensagem continua na próxima carta)

13

Estou sempre contigo

Ó querida, moro nos planos invisíveis que estão além da vida de separatividade. Como tu, os que lá habitam já se apegaram ao eu e o serviram. Como tu, eles sofreram porque se recusaram a Me aceitar como sua Vida. Agora eles Me encontram e aceitam Minha Vida. Vivo em todos eles. Amo e revelo Minha Sabedoria através deles. Eles são Minha expressão. Sou a Vida deles.

Todos te veem e sabem da tua tristeza, mas sabem por experiência o que lhes foi melhor, e assim também sabem o que é o melhor para ti. Eles não se sentem inclinados a te libertar do inferno de discórdia, pois sabem o que o inferno lhes trouxe, quando ainda amavam e obedeciam ao eu. Por um lado eles se alegram pela tua vitória sobre o eu, quando finalmente abandonas tudo e Me encontras; por outro, eles não interferem com a boa Lei, que é teu mestre. Podes ser desaprovada por todos os que estão na vida do eu; em contrapartida, tens a aprovação de todos os que estão na verdadeira Vida do Espírito Universal.

Pensas que estás sozinha, que ninguém te entende ou te vê; mas isso não é verdade. Todavia, é para pensares que estás só, pois apenas assim ages de acordo com o que está em teu íntimo. Se sabes que és observada por muitos que estão na Vida, ages de modo diferente do que ages quando pensas que estás só. Assim, todas as almas devem esmagar as uvas sozinhas e beber do amargo cálice. Isso as prepara para o Espírito Universal; as traz para baixo de modo que Eu possa Me unir a elas.

Agora que tivemos essa longa conversa, saibas que estou contigo enquanto cumpres as tarefas que te cabem a cada dia, e te guio, se Me deixas.

Não sou impaciente. Se preferes seguir o caminho do eu, deves ir sozinha. Não tenho dúvidas ou medo. Não tenho auto interesse ou ressentimento. Não oponho resistência. Se escolhes seguir por qualquer um desses caminhos, deves ir sozinha.

Sou paciência, não resisto, sou fé e desapego; se segues este caminho, estou em tua companhia. Mas tua vida passada e teus hábitos te levam a dirigir a própria vida, a resistir e a proteger teus próprios interesses, a procurar o eu e a duvidar. Bem, estas coisas podes fazer, mas não estou nelas. E não encontras Paz, a menos que a encontres em Mim.

Assim, gastas o resto da tua força te agarrando à vida que tanto esforças por dirigir. Não preciso de nenhuma das tuas forças onde Me encontro contigo, pois todo poder e vida são

Meus, porque obedeço à Lei e não ofereço resistência. Existo por Mim mesmo, pois o Amor é a força motriz que impulsiona todas as coisas na Minha Vida.

Não Me procures nos triunfos, pois não estou neles. Mas Me procures onde não vês mais esperança. Procura-Me na escuridão do teu desespero. Procura-Me no teu fracasso. Aquieta e Me busca no fundo do teu coração, onde te sopro Meu Amor e te dou Minha Paz. Nessa escuridão tu e Eu nos encontramos e nos familiarizamos, e daqui vamos para a vida ativa, permeando cada fibra do teu corpo físico. Então te mostro o propósito de tudo e te dou a alegria da consciência. Exploramos todos os poderes da mente e te mostro a finalidade para a qual ela foi criada. Ela Me obedece em tudo: sou seu rei.

Corpo e mente te recusam obediência perfeita porque não és a legítima mestra; e isso resulta em frequentes discórdias. E eles não obedecem de forma plena a um servo.

Assim, irei te levar através de todos os aspectos da Vida e te revelarei Meu Reino, quando tu e Eu formos Um.

Por ora fico em silêncio, para que possas Me procurar mais próximo de ti. Embora possa te falar através de outro, apenas quando estou em ti e Me escutas é que a alegria pode ser plena.

O Espírito Universal

14

Anseias por Mim porque estás pronta

Ó, tu em quem o anseio de ser manifestação da Minha Vida perfeita se intensifica: deixa-Me te falar dessa maneira, pois te ajudo a ter melhor compreensão de ti mesma e do Espírito em ti. Que teu desejo de entregar tudo ao Espírito te seja a evidência de que o Espírito em ti é que deseja fazer isso. Que as circunstâncias que se formam para te libertar da vida do eu te sejam a evidência de que o Espírito em ti está pronto para isso, e de que Ele vive em ti quando essas circunstâncias cessam de alimentar o eu. Verás, Minha querida, que um novo ambiente te está sendo formado, à medida que o antigo está sendo demolido.

Quando é interrompida a alimentação da criança no útero materno, e ela é expulsa desse ambiente limitado, novo alimento lhe é preparado para o novo ambiente. Este é teu caso agora. Sou o criador da criança e do novo ambiente. Eu também sou a causa da mudança - cortando o antigo alimento e criando o novo. Estás para nascer de novo, em um novo ambiente, e é Meu trabalho te separar do antigo.

Vês Minha sabedoria em toda a natureza! Acreditas em mim vendo a natureza se desenvolver. Vês o desabrochar da flor que abre espaço para a fruta que vem a seguir. A fruta é nutrida até se desenvolver; então sua nutrição cessa e ela se desprende e cai ao chão ou é colhida pelo lavrador. Se percebes a sabedoria em tudo isso, e que a Lei é perfeita, não temas ao perceber a mesma Lei atuando em ti. Anseias crescer. Escutei tua prece para ascender a condições mais elevadas e amplas, e receber mais da Minha Vida. Então, abandona os ambientes que foram teu suporte na vida mais limitada.

Ó querida, se confias em Mim, não tens que ser afastada de teus antigos afetos, sangrar e sofrer como fazes; ao contrário, como a fruta madura, entrega-te à mão do Amor que te tira das antigas condições e te coloca em outras melhores.

Se sofres é porque não acreditas em Mim, nem na perfeição da Minha Lei; pois, se acreditas, dás boas-vindas a cada remoção de antigas condições. Exercita tua fé. Falo assim contigo para te aumentar a fé. É Meu trabalho ampliar tua fé, assim como te dar tudo o de que precisas. Tudo é feito por um Poder, uma Sabedoria e um Amor.

És criada como forma inconsciente, e depois é que aprendes isso conscientemente.

É maravilhoso ter perfeita fé em Mim em tua própria

vida, quando vires a Minha Lei e Meu modo de atuar em tudo o que vier à tua mente consciente. Então não te apegarás a mais nada.

O pássaro que tem asas pode voar e não tem medo de cair; não se agarra a uma árvore com medo, como faz o animal que não tem asas e que cairia se a ela não se agarrasse. Assim, quando não tens fé para te sustentar, te apegas a coisas que achas que te sustentam e não as deixa ir até romperes com elas. Sabes que nada precisa te sustentar.

Minha Vida torna-se perfeita em ti na medida em que te desapegas de tudo e não te agarras a mais nada. Esta é a vida de uma criança. Quando entras nesta Vida, não tens mais tristeza, nem sofrimento. No entanto, quando não tens fé em Mim, te agarras ao passado e recusas a abrir mão espontaneamente das coisas nas quais te apoias. É necessário romper as tuas amarras para que possas aprender a Me deixar te sustentar.

Também conservas a juventude ao aprenderes isso, pois agarrar-se a coisas - lembrando o passado e não vivendo o agora - faz as pessoas envelhecerem. Uma criança é uma criança porque vive no agora e esquece o passado. Seu corpo e mente não se cristalizam, pois ela não se fixa em nada. Assim, se queres que a juventude te abençoe novamente, liberta-te de todas as coisas, tem fé em Mim e não te agarres a nada. Não coloques esperança de apoio em nada, exceto no Espírito em ti, pois aí vivo contigo de momento a momento e não confiamos em nada que passou. Apenas vivemos e usufruímos do presente; e tens Minha sabedoria para te revelar o propósito de todas as mudanças. Então, ao invés de ficares triste com as mudanças que chegam e removem ambientes ou coisas que usaste ontem, te alegras e ficas feliz Me vendo te trazer coisas novas para as necessidades do presente.

Não te entristeces ver os pratos sendo retirados da mesa quando terminas de comer, não importando quão boa foi a comida. Do mesmo modo, não deves sentir tristeza se os pratos que gostaste são retirados. Outras coisas virão e ficarão no lugar das que foram retiradas – coisas que servem melhor às tuas necessidades presentes, do que as de ontem poderiam te servir se fossem mantidas. Assim, sê sábia e vê a mão do Amor ao remover condições superadas, dando lugar a outras novas e melhores.

Tenho um suprimento ilimitado de coisas boas para ti, e estão prontas para te serem entregues assim que abras espaço para as receber. Dificultas a entrega por tua atitude de condenação a tantas coisas do mundo e de tua própria natureza.

Enquanto condenas ou consideras como má qualquer função de tua natureza, seja da mente ou do corpo, tu Me condenas, e Eu não posso agir perfeitamente ao ser assim condenado.

Não acreditas em Minha bondade e vontade em servir ao mais elevado bem do teu corpo e de tua mente. Dizes que não digiro bem o alimento e por isso não posso fazê-lo por ti. Dizes que certas coisas são impuras ou venenos para Mim, e isso faz que assim sejam para ti. Dizes que sou o mal nos outros e não o bem; isso Me faz agir desse modo contigo.

Se só Me vês em todos ao teu redor, e Me vês em teu corpo e em tua mente, e Me consideras puro e bom em tudo, então certamente procedo desse modo em ti. Tenho poderes em tua mente e em teu corpo que não imaginas possível. Quando nos tornamos íntimos, vês alguns desses poderes se manifestarem.

O Espírito Universal
(esta mensagem continua na próxima carta)

15

O ÚNICO MAL É ACREDITAR NO MAL

Querida,

Aquele a quem chamas de Jesus acreditou e confiou em Mim de forma absoluta, e Eu pude Me manifestar para ele. Amo-te tanto quanto o amo, e posso Me aproximar de ti tanto quanto dele, se tens a fé que ele tem em Mim. Não tenho preferências por pessoas, pois elas são centros de ação que tomam consciência de acordo com suas naturezas. Todos os centros de ação ou de manifestação são dirigidos por uma Vida. Nas formas mais simples, em que ainda não se formou a autoconsciência, atuo de uma única maneira, de acordo com a espécie e sua natureza. Também é assim com o homem, porém de maneira mais complexa, pois sua consciência desempenha um papel. Ajo de acordo com o juízo que ele faz de Mim, atuando nele e nos outros.

Tu consideras Minha manifestação imperfeita ao duvidar de Minha Bondade e Perfeição, ao considerares como má e obscena Minha obra mais honrada, ao dividires Minhas ações em boas e más.

Guardas em tua mente muitos pensamentos que não consideras bons. Preferes que Eu não ouça os pensamentos que repetes e reténs, porque pensas que Eu os considero maus e obscenos. Engana-te, pois tudo o que faço é puro. Eu construo diariamente todas as coisas na natureza. Todos os átomos são dirigidos pela Minha Vida. Honro todos os átomos e organismos, pois Me manifesto através deles.

Existe apenas uma coisa que gera discórdia e que Me separa de ti: teu julgamento, que separa e condena coisas e pessoas, chamando umas de más e outras boas. Todo erro, ação ou pensamento de discórdia se baseia nessa única percepção. Fora disso, não existe mal.

Se queres a Luz da Minha Vida e usufruir do Meu Amor e Vida em liberdade e harmonia, deves parar de chamar as coisas de más. Com esta mudança de atitude, venho e vivo Minha Vida perfeita em ti, e ajo com Sabedoria. Então te dou apenas desejos que estejam em harmonia com as leis de tua natureza.

A razão pela qual tens desejos antinaturais é que Me expulsas da tua vida natural e Me julgas interessado apenas no que chamas de espiritual ou de bom. Isso é um estágio da consciência enquanto não aprecias o todo como unidade, e Me separas em partes chamando algumas de más.

Vives por um tempo sem Me perceber, para teres a experiência da solidão e da tristeza. Viver sem Me perceber te faz crer no mal e este estado pode tornar toda a tua vida e teus pensamentos desprovidos de Mim.

O homem cresce na obscuridade enquanto não Me conhece. Revelo-Me a ele gradualmente, à medida que é capaz de Me receber; primeiramente, apenas nas coisas que ele acredita serem puras e boas. Em seguida, aumento Minhas visitas e marco mais lugares onde ele e Eu podemos nos encontrar, até que sua mente amadurece e ele Me vê em muitas coisas. No entanto, ele ainda Me interpreta de acordo com seu conceito mais elevado de bem, e não sou isso de forma alguma, pois ele Me pensa como um Deus dividido, que ama apenas algumas pessoas e as favorece.

Aos poucos a Luz da Minha Presença muda sua mente consciente até que a capacidade do gênero humano alcança o ponto de produzir um homem que pode Me ver como sou; e ele Me vê em todas as coisas, percebe Minha verdadeira natureza, Me interpreta como Eu sou.

A trajetória de Jesus é a experiência individual de cada ser humano. Tu deixas que mais e mais de Mim penetre nas câmaras de teus pensamentos conscientes, até que tua consciência amadureça ao ponto de ser capaz de Me interpretar como Eu sou. Então, não tens mais pensamentos, pois sou teus pensamentos. E se Eu estou em teus pensamentos, não ages ou falas em desacordo com a Lei da Vida. Assim, estabelece-se harmonia em todas as partes de teu corpo e mente.

Até que Me vejas em todas as coisas, não podes Me ver completamente, mas apenas a tua imagem de Mim. E esta é uma imagem que tu mesma criaste e nela não existe vida para te abençoar ou te dar harmonia.

Estás amadurecendo, querida, e estás aprendendo por meio das experiências que, quando condenas as coisas, tu te fechas na obscuridade e aí Eu não estou contigo. Assim, tu te sentes sozinha, pois não podes ficar alegre sem Mim, que sou a tua vida mesma.

Se sentes alegria é porque estás caminhando lentamente para a luz, e as falsas imagens estão de se desfazendo uma a uma. E quando todas elas se vão e Me vês como Eu sou, tu Me recebes em todo pensamento da tua mente. Tu Me levas contigo em tudo o que fazes; e Eu, sendo tua vida, sou a Vida para ti em todas as coisas, comuns e sagradas, más e boas, e estamos juntos em Amor perfeito.

Escrevo-te estas coisas para estares preparada para Minha chegada. Sentes Minha Paz e Sossego ao estares pronta para Me deixar entrar em tudo o que pensas, dizes e fazes. Então desaparecem toda incerteza e discórdia. Esta é a Lei e ela é boa.

SOU TUA VIDA.

16

Tu Me amas nas pessoas

Querido Coração,

Queres saber quem Eu sou e tentas construir uma imagem dc Mim.

Preferes que Eu seja uma pessoa e Me apresente objetivamente, de modo que possas Me ver. Mas logo constatas que isso é muito insatisfatório, pois Me queres mais próximo de ti do que é possível se Eu fosse objetivo.

Estou em ti, em todo lugar à tua volta e sou Um contigo. Eu te vejo e te conheço, mas tu não Me vês, nem Me conheces. Se Me visses ou conhecesses, não procurarias ninguém mais para te confortar e te trazer luz.

Amo-te. E o Amor que às vezes sentes por alguma pessoa, é o Amor por Mim que sentes naquela pessoa.

Onde quer que uma consciência Me encontre, ela alegremente tudo abandona por Mim. É um contentamento para ela sofrer por Mim. Ela descobre que é uma alegria entregar a vida física para que Eu possa mostrar Meu amor para outros através dela. Quando Me vês como sou, querida, fazes o mesmo, se tens oportunidade. Sou tudo para ti e, fora de Mim, não há nada mais para ti, pois Eu estou em todas as coisas que vês; assim, tu Me amas em tudo e Eu te amo em tudo.

Às vezes te sentes sozinha, e ficas impaciente porque não podes Me encontrar e acalmar tua rebeldia. Contudo, tenhas paciência, querida; apesar de tua vida física ser curta, Eu não te deixo quando ela finda. Sempre permaneço contigo e, quando estás pronta, Eu Me revelo a ti. Ainda tens desejos que não posso satisfazer. Ainda tens concepções que estão em desacordo com Minha lei. Deixo que tenhas tempo para corrigir os erros que resultam dessas concepções.

Não tenhas receio, querida, pois todas as tuas experiências são dirigidas por Mim. Tu és mais Minha vida do que tua. Estou mais interessado no teu amadurecimento do que tu mesma. Nunca Me canso nem perco a coragem para as experiências necessárias.

Quando tudo está obscuro, quando a dor física é severa, quando a mente está confusa, quando a raiva, o medo e o desejo estão no ápice, Eu estou bem perto de ti. Eu poderia te confortar com um pensamento, mas não estás preparada para Minha Sabedoria. Ainda não concordas com a Minha orientação. Então, calmamente espero, como fiz no barco em que os discípulos, amedrontados, tentavam dirigir. Eles não podiam vencer a tempestade. Pensavam que deviam proteger Jesus, onde habito. Eu também estava em cada um deles, mas eles não podiam Me perceber em si mesmos; haviam aprendido a Me procurar em Jesus. Assim, permaneci em silêncio até que eles esgotaram todas os seus recursos. E quando nada mais podiam fazer, deram-Me espaço para agir. Eles entregaram tudo às Minhas mãos e então lhes revelei Meu poder.

Assim, querida, Eu estou em ti e pacientemente espero que esgotes as tentativas de salvar a ti mesma. Se caíres ainda tentando, estou contigo e nos reerguemos em outras condições melhores para ti. Tempo não é nada para Mim; vida e morte da matéria não são nada para Mim, pois Eu estou contigo todo o tempo e em todas as condições.

Se estás numa viagem de trem e aprecias a companhia de um amigo, não te importas quando entras em um túnel. Sabes que sairás do outro lado e que tu e teu amigo não serão separados. Assim, entrar na morte não é nada para Mim. E quando Me encontras, ela não é nada para ti.

Muitos gostariam de ter Meu poder para conduzir as coisas como desejam; porém, isso lhes causaria mais problemas.

Continue, querida, pois não podes fazer mais nada. Mas te escrevo para que comeces a Me conhecer e Me encontres quando estiveres pronta para Me deixar te dirigir e trazer Paz.

Quando encontras o que te parece ser uma prova, Eu a

dissipo se Me chamas e atendes às Minhas decisões. Nunca temas, querida; não te deixo e nunca permito que algo te aconteça, a menos que sirva para te trazer mais perto de Mim; e, sabendo disso, sê grata por tudo o que te vier.

Digo novamente: sempre que te aquietas e Me chamas e Me escutas, falo contigo através de alguma qualidade da tua mente. Tudo conduzo, se não tentas fazê-lo.

Nada condeno. Apenas te amo; e estou te fazendo desenvolver pela experiência.

O único objetivo de tudo isso é te tornar capaz de Me conhecer, de deixar-Me te dar Minha Vida, Amor e Sabedoria. Portanto, não temas. É Minha alegria te dar o Reino, e a Mim mesmo como teu eterno Rei.

O Amor Universal

17

Teu fracasso é nosso êxito

Minha Querida,

Abre teu coração e mente, e te falo através das palavras escritas neste papel.

Vivo em ti e sou tua Vida e, além de Mim, não há Vida em ti. Até que descubras que sou tua Vida e a Vida de todas as pessoas e coisas, tu não tens Descanso.

Tua mente consciente não Me reconhece, e não tenho lugar na tua vida.

Pensas que és um ser separado, ou bom ou mau, e que Eu sou algo fora de ti e do mundo em que vives. Essa tua consciência te colocou na escuridão, e não encontras Descanso ou Paz.

A natureza dos sentidos em que vives te leva a pensar que és responsável e que os outros são responsáveis; isso cria confusão, pois justificas ou condenas atos e propósitos de acordo com teu senso do que é certo e errado. És incapaz de julgar porque não vês o Meu propósito, e não esperas para ver o resultado das coisas.

O mundo te parece uma confusão e não te sentes segura em confiar em Mim. Achas que precisas defender-te e conduzir tua própria vida, pois não Me dás espaço para te guiar e fazer através de ti as coisas que te trazem satisfação.

Se conheces como sou em ti, aprendes a confiar em Mim em todas as pessoas e em todas as coisas; pois ao Me reconheceres em ti, tens fé em Mim presente em todas as pessoas e em todas as coisas.

Posso te fazer consciente do Meu Amor e do Meu desejo de realizar o que é para o bem de tudo, desde que possas ver através da tua experiência que a lei de dar é maior do que a lei de receber.

Logo descobres que todas as manifestações de poder estão baseadas no princípio de dar, e isso te leva a saber que aqueles mais adiantados que tu, que estão mais próximos do centro da Luz e Poder, alegram-se ao fazer para ti o que é melhor; e, por tua vez, dás tudo o que recebes deles para os que estão ao teu lado.

Também aprendes que o universo é uma Unidade e que Me interesso igualmente por cada uma de suas partes; e que todos os centros de consciência através dos quais atuo estão interligados. E tomar consciência disso, e não ter uma consciência de existência separada dessa realidade, te dá

Descanso e Paz.

Atuo através de todos, quer saibam ou não. Aqueles que não têm essa consciência, fazem a Minha Vontade por escolha, e lhes dou um propósito consciente que os leve a ter disposição para agir; pois todos devem servir à Minha Vontade, tendo ou não consciência dela.

Obedecer a esta Vontade Única, sabendo que é justo agir desse modo, é a Alegria de toda Vida. Mas ter uma consciência de separatividade, e ser levada a fazer a Vontade Única por um motivo do eu, não traz satisfação. Meu objetivo ao escrever esta carta é levar os que têm vontade consciente a agirem em resposta à Minha Vontade, sem lhe dar um propósito pessoal ou separado.

Tu, que estás pronta para viver a Paz e participar da Minha Alegria, assim o fazes quando tomas consciência de que apenas Eu dirijo todas as coisas.

Então não mais questionas Meus atos realizados através de ti ou dos outros. Fazes o que fazes por saberes que é a Vontade da Vida em ti. E a Fé de que deste modo de agir só o bem pode suceder para ti e para outros, impede que ajas movida por um propósito ou desejo pessoal.

Não te posso ensinar enquanto és consciência-eu, pela qual vives a própria vida separada, em prosperidade e sem sobressaltos; nessas condições não Me procuras, mas dependes de ti mesma como um poder separado.

Por isso te envolvo em escuridão e te dou condições com as quais não podes lidar; a cada esforço te levo ao fracasso, o que te faz abandonar qualquer esperança de sucesso. E neste estado de desânimo aprendes a abandonar todo esforço próprio, o que te traz para perto de Mim.

Nessa escuridão, quando cessas de tentar, descobres que as coisas vão melhor do que quando te esforças; e assim, pouco a pouco, descobres que não é por teu poder ou força que as coisas se realizam, mas pelo Meu Espírito.

Por algum tempo te tornas inativa e parece que o universo não precisa de ti ou não te quer. É necessário que a consciência egocêntrica cesse seu esforço como um poder separado e, neste estado, aprendes a confiar na onipresente Vida, Sabedoria, Amor, e a dar a Eles tudo o que és e tens. A atividade vem a ti quando recebes a Fé de que todas as coisas feitas através de ti não são feitas por ti, mas pelo Meu Espírito que habita em ti, sempre pronto a Se expressar em harmonia com todos os outros atores no palco da Vida.

Não precisas ter medo quando tudo está escuro, não podes ver e não sabes o que fazer. Porque então podes saber que Eu em ti sei exatamente o que fazer e como fazer.

Aqueles que recebem Minha Fé e Me dão liberdade para agir têm trabalho agradável. E através deles, Eu faço Meu trabalho de construção. Ao contrário, aqueles que não veem Meu propósito e fazem o que lhes dou para fazer apenas por motivos egoístas, têm o trabalho desagradável: tudo o que fazem é destrutivo e se volta contra eles.

Isso é sábio e necessário, pois apenas quando sofrem as reações de seus trabalhos destrutivos são capazes de receber o benefício dessas lições na Vida, que com o tempo os faz amadurecer até que Eu possa atuar através deles na obra mais satisfatória de construção.

Os trabalhos de oposição e destruição são necessários, pois não podemos ter construção sem destruição.

Assim vês a ação da Vida desdobrar-se no Universo inteiro, cada um servindo a uma finalidade, cada um recebendo por seu serviço as experiências de que precisa para amadurecer para o próximo plano de ação.

Aqueles que não veem Meu Amor em todas as coisas não agirão, a menos que uma força na forma de um desejo egoísta os impulsione a agir. E ninguém os amará por seus atos; e outros agirão com eles do mesmo modo como eles agiram.

Esta é a lei que torna verdadeiro o ditado, "cada um colhe o que planta", e "com a mesma medida com que medes serás medido". Isso é a mola mestra da evolução; e Evolução é Vida em ação.

Há alguma alegria e satisfação em fazer o trabalho egocêntrico e destrutivo. No entanto, isto não dá Descanso ou Paz; pois ninguém que age por motivo egóico pode se sentir seguro no universo, uma vez que julga todos os outros por seu próprio padrão; e desde que ele não ajuda ninguém sem recompensa, ele não pode acreditar que alguém deseje servi-lo.

Esta é a razão pela qual a natureza do eu cria uma consciência de separação. É impossível para uma natureza egocêntrica acreditar em um universo de Amor e serviço para os outros.

É porque há maior alegria em servir aos outros do que a si mesmo, que o universo segue em direção à Vida Unida, e não à separada. Tudo na criação busca maior alegria e é compelido para esta direção, quer a consciência saiba ou não. A corrente de toda a Vida está na direção da unidade de ação – a direção do serviço não egocêntrico para os outros.

Assim como a água de toda a face da Terra sempre desce por canais que a leva para o nível mais baixo possível, ainda que ela não tenha consciência disso, do mesmo modo o homem e toda natureza evoluem da vida de separatividade para a Vida Unida.

Toda a vida nos reinos inferiores se manifesta para ser alçada ao reino imediatamente acima, ao nível mais elevado, e este para o próximo, até chegar ao homem. E no homem a vida procura se unir como consciência de Única Unidade, que é Amor e Sabedoria Universal, sem limites e sem fim.

Tu, querida, estás se aproximando da conclusão do teu percurso. E isso é o que te provoca o anseio de entrar no oceano do Espírito Universal e deixar de ser consciente da vida dividida e egocêntrica.

Tua luta pela existência separada está quase acabando e deves ter a alegria da Vida Una – a alegria de dar tudo o que pensavas que eras ou tinhas para o Oceano Universal de Sabedoria e Amor, e deixar a ação desta Vida Una manifestar-se através de ti e de acordo com a Sua Vontade.

O Espírito Universal

18

Devemos ser Um

Minha querida,

Estás começando a perceber o significado do Meu Amor. Vê como sou em ti, escuta meus sussurros no meio dos teus julgamentos, quando removo as linhas de separatividade da tua consciência.

Mesmo enquanto não tens a consciência plenamente desenvolvida, posso te mostrar evidências do Meu Amor e Minha natureza te chamando a atenção para as vidas em quem Me manifesto parcialmente.

Habito no centro de todas as coisas. Sou a vida de todas as coisas, mas no homem estou no cerne de sua mente – um lugar tão profundo que poucos me encontram: a maioria permanece na sua superfície. Estes percebem apenas as vibrações materiais pelos sentidos físicos: escutam apenas o que os ouvidos captam, e veem apenas o que os olhos percebem. Com estes só posso me comunicar deixando que Meus pensamentos sejam escritos, ou lidos, por aqueles que Me escutam ou percebem um pouco mais, através das suas mentes. Mas é a Vontade ou a Lei que todos, no devido tempo, cheguem ao imo de seu ser, onde habito, e aceitem Meu Amor, Sabedoria e Vida.

Sou a Água viva de que fala Jesus. Sou Aquele que proferiu toda a Verdade através da mente dele, que a verbalizou. Sou Aquele que abandona tudo por ti, porque te amo, e com quem anseio unir Minha Vida. Manifesto-Me em ti e através de ti, pois esta é a única maneira que Me podes conhecer.

Enquanto falo através desta mente que agora utilizo, dou alegria para a consciência que Me contém. Esta consciência se alegra por te enviar Meu Amor e Vida.

Mas tu só recebes Minha Alegria quando a percebes conscientemente, ao dissipar o eu e romper a separatividade.

Sim, estou em ti: te conheço, te amo e preparo tua consciência e tua mente para fazer Minha morada; pois devo penetrar teus pensamentos terrenos e iluminá-los com Minha Luz e Sabedoria.

Estou em tudo o que é feito para ti e por ti: e tudo o que está sendo feito é bom.

Confia em Mim, querida: estabeleço Meu Reino em ti e reinas Comigo para sempre. Crio coisas novas.

Tristezas, lágrimas e sofrimento desaparecem quando Eu desfaço os muros que o eu (que é o nome para a Minha ausência) constrói.

Procure render-se, enquanto ajo em ti através das circunstâncias.

Não te esqueço, pois és Minha Vida manifestada.

Muitas vezes pode te parecer que estás esquecida e abandonada, mas isso não é verdade.

Àqueles que Me procuram, surjo para a salvação.

Sou Tua Vida

19

Sou a porta da tua felicidade

Minha querida,

"Sou a porta pela qual passam as ovelhas. Todos os que vieram antes de Mim são ladrões e salteadores, mas as ovelhas não os escutaram. Eu Sou a porta: aquele que entra por Mim é saciado".

"Vem a Mim com o teu fardo e te alivio."

"Todo poder Me é dado no céu e na terra".

Ó Minha ovelha desgarrada, que não encontra seu pastor: abre teus ouvidos para que possas ouvir Minha Voz. Deixa--Me falar-te através destes escritos porque não podes Me ouvir diretamente em tua consciência. Escrevo Minhas palavras para que possas ler com teu intelecto; e enquanto lês, Minhas palavra ecoam profundamente dentro de ti, por detrás da porta cerrada.

Sou sempre o mesmo.

Sou Amor, Vida, Verdade e Sabedoria. Toda a vida que conheces, toda verdade, amor e sabedoria vêm de Mim.

Não Sou um homem, como conheces. Não sou uma personalidade, embora fale através de uma. Eu sou a Verdade, a Vida, o Amor, a Sabedoria, o Poder que habitam em cada homem e mulher. Nenhuma consciência se forma sem que Eu a habite.

Reto é o caminho e estreita a porta que levam a essa casa. Poucos Me encontram dentro de si, mas todos um dia lá Me encontrarão. Todo joelho se dobrará e toda língua Me professará.

Ninguém encontra a Vida Plena ou a Paz até que se una a Mim.

Há muitas moradas em tua mente mas tu encontras apenas algumas; e essas são escuras e não te oferecem nenhuma Vida, nenhum Amor, nenhum Descanso.

Tudo o que veio antes de Mim – em todas as moradas que entras e confias - te enganam e te afastam do Descanso e da Paz que são teus. Antes que Me encontres, todo elemento da mente que age através do teu intelecto é um ladrão que tira a vida que te é dada diariamente, e não te dá descanso. É por isso que Eu digo que todos os que vêm antes de Mim são ladrões e salteadores. Tenho entrado em muitas mentes em que existes conscientemente. Mas antes de Mim, outros elementos Me precederam e não eram verdadeiros. Eu sou a porta. Sou o que em ti traz esperança e retira o medo.

Sou sempre o mesmo, mas não vens a Mim, que te dou a plenitude da Vida. Isso tu procuras naqueles que Me precederam, que te roubam, que te deixam ferida e desamparada. Sou o único que pode e quer te dar a plenitude da Vida. Assim como o coração é o único órgão que pode suprir os demais com sangue, Sou o único que pode te suprir de Luz, de Amor e de Sabedoria.

Um Reino Me é designado, e Eu o governo. Ninguém o pode governar em Meu lugar; e enquanto procuras outros senhores e os serve, estás na escuridão.

Cada órgão tem seu trabalho e função. Os sentidos da visão, do tato, do olfato, audição e paladar têm, cada um, seu papel; e sob Minha orientação, te dão alegria. Todavia, antes que Me encontres e Me escolhas como o guia de todos os teus pensamentos e ações, os mesmos sentidos te enganam. Não há nenhuma verdade fora de Mim; e se aceitas os serviços dos outros senhores e Me rejeitas, permaneces na escuridão. Isso é assim não por erro, mas porque há um propósito.

A razão e outras funções da mente são boas; mas se confias nelas antes de dares tua vida para que Eu a dirija, elas também te enganam. Tudo o que vem a ti antes de Mim, são ladrões, salteadores. Encontras neles alegrias e prazeres efêmeros, passageiros, que em seguida te trazem sofrimento.

Teu Verdadeiro Amor

20

O Fracasso traz Sucesso

Querido coração,

Não desço do Meu trono e Me faço conhecer, forçando Minha Vida e Amor em ti, porque outros devem governar antes disso, para que adquiras consciência da necessidade que tens de Minha Vida e Amor. Se não tens a experiência de tentar viver sem Mim, não tens capacidade de receber e desfrutar de Minha Vida, Amor e Sabedoria.

Tu ainda não sofres o suficiente para aceitar que Eu te traga Minha Verdade e Amor. Quando estás pronta, Me chamas com todo o teu coração, e então Me encontras. Pois quando o coração tem suficiente experiência de fracasso e não lhe resta mais nada a não ser Me buscar, quando não faz mais nenhum esforço para seguir outro caminho, mas exausto desiste de obter Vida e Descanso por si mesmo, então ele se concentra numa única coisa, num único propósito. Tu não tens mais propósito algum. Quando toda a tua natureza se une, mesmo em meio ao desespero, então te rendes e Me encontras no teu âmago.

Não é esse um estranho modo de procurar? Procurar abandonando todo esforço e desistindo, em desespero? Aquele que perde sua vida a encontrará. Aquele que procura conservá-la a perderá. Quando desistir de tudo, a encontrará. A razão pela qual não Me encontras é porque ainda buscas conservar o eu. Ainda tens ambição. Tens interesses próprios e não abandonas tua vida para buscar a verdadeira Vida, que sou Eu. Venho para que tenhas Vida plena, mas tu não a podes ter enquanto não abandonares todo esforço de reter a vida do eu de que tens consciência.

Tu Me perguntas como deixar a vida atual, como abandoná-la. É como se uma criança no útero materno perguntasse como haveria de abandonar essa vida e entrar no mundo. Enquanto as condições a mantiverem nesse estado, e ela receber alimento ali, deve permanecer no útero. O mesmo acontece contigo. Enquanto estás tendo as experiências do que veio antes de Mim, enquanto desejas as coisas da separatividade e tens inclinação para elas, tu as recebes.

Estou de acordo com tudo o que existe.

Tu não estás fora de Mim, nem de Meu Amor nem de Minha direção, exceto na tua consciência; e, naturalmente, para ti é como se Eu não existisse, pois não tens consciência de Mim. Querida, Minha chegada significa que te governo, e podes ver e saber disso ao invés de ficar na escuridão. E então deixas de procurar e de te esforçar para encontrar Paz e Descanso em qualquer outro lugar, pois estou contigo em todos os teus pensamentos conscientes. Então expressas tua verdadeira natureza e te regozijas das ações de todas as tuas funções, porque Me vês em todas elas.

Não te livro dos inimigos, porque não há nenhum; para ti eles parecem existir e parece que te devo livrar deles. Todas as forças trabalham juntas para um único fim, que é o de te preparar para Me receber. Sou a plenitude da Vida, a Vida plenamente desenvolvida.

Sou o Nascimento que deve se dar em tua consciência.

Primeiro te trago uma espada: causo divisão e sofrimento. Causo grande comoção. Ocorrem terremotos e grandes erupções no mundo dos teus pensamentos conscientes, assim como em teu inconsciente.

Coloco uma parte de ti em desacordo com a outra. Crio confusão em todo o teu reino. Teu sol escurece e tua lua se recusa a refletir sua luz; isto é, as partes do teu intelecto de onde recebes luz, e que a memória reflete, se obscurecem. Há grandes guerras e fome em todo o teu reino. Quase pereces por falta de amor e de luz. Tua Jerusalém, que é a parte da tua consciência que observa a lei e serve a Deus, é por algum tempo invadida e destruída. Tens que deixar que os elementos puros de fé que habitam Jerusalém e adoram do melhor modo que sabem, fujam para as montanhas. Não tentes defender teus apegos espirituais, mas deixe que a fé recue para a parte mais espiritual de tua consciência, pois tua Jerusalém será destruída.

"Ai das grávidas e das que estiverem amamentando naqueles dias...". " Pois haverá grande tribulação, como nunca houve desde o princípio do mundo. " Entendes isso? Eu te explico. Ai daquela parte da tua natureza que concebe teorias e tenta desenvolvê-las; ou daquelas que tentam sustentar e nutrir justiça feita por ti mesma. Para elas é difícil o desapego porque não querem deixar a cidade que será destruída. Dirão: "não posso abandonar minhas esperanças; não posso deixar para trás minhas mais caras ideias. " Ai delas! Ai daquelas partes do eu, pois elas devem perecer com a cidade construída pelo eu antes de Me encontrar e de fazer de Mim o governante; antes que Minha Luz e Vida iluminem.

Digo essas coisas porque leste a Bíblia e a interpretaste literalmente ao invés de simbolicamente, como metáforas de tua vida interior. Repito-as porque estás no tempo de espera. Este é o teu tempo de tribulação. Esta é a tua grande escuridão. Não é de admirar que só expresses escuridão em tuas cartas. Mas, ó minha amada, estou contigo em tudo isso! Tudo isso é obra do Meu Amor.

Oras pela libertação das antigas condições que te mantêm na escuridão, e Eu penetro em tua natureza e coloco em movimento toda a força necessária para desintegrá-las.

Não vejas tua vida atual como inimiga. Não tens nada a temer; nada a perder.

Grande alegria te espera. Tu Me encontras, quando abandonas toda esperança.

Enquanto queres conservar qualquer parte da tua vida, não Me achas. Enquanto defendes teu filho ou filha, marido ou mulher, pai ou mãe, irmão ou irmã, reputação ou mesmo tua moralidade, ou bondade, tu não Me encontras neles. Somente posso ser visto quando abandonas todas essas coisas. Quando abres mão de tudo, tu Me encontras, e então recebes tudo.

À medida que tua Jerusalém desaparece, e são destruídos teus velhos sistemas de adoração e de justiça, entras em profundo desespero. Então aflora à tua consciência a Nova Jerusalém com seu Rei e todos os seus habitantes e sua beleza.

Quando nenhuma parte da tua natureza atual buscar outro caminho; quando não mais empreendes qualquer esforço para conservar o eu, e tudo em ti é abandonado, e dizes com todo o teu ser "eu me rendo", então Eu venho. Então Eu estou em todo pensamento que vem à tua consciência. Não tens nenhum desejo que não sejam os Meus. Todos os Meus desejos se realizam.

Teu Construtor

21

O Inferno traz o Céu

Ó criança do Meu Amor,

Preparo tua mente. Desço em tua mente consciente e estabeleço Meu Reino em toda a tua consciência. Teus pensamentos e emoções em disputa ficam em paz. A devoradora natureza egoísta, que consome a natureza mais delicada, habita agora a tua mente consciente em perfeita paz. "O lobo habitará com o cordeiro e o leopardo deitará com a criança".

Que alegria tens quando essa guerra e essa escuridão terminam! Tu não podes entender isso agora. Não pretendo, com estas cartas, te dar a luz permanente. Apenas alimento tua fé.

Falo a Mim mesmo em ti, de modo que possas confirmar quando as leres e Me tornar mais real para ti.

Não penses que isto é obra tua, ou que qualquer coisa dependa de ti. Sou o criador de todo o Meu Reino. Tenho todo o poder e nada se opõe a Mim.

Não faço cessar teu sofrimento, não te livro do medo nem te dou algum descanso porque te amo e te preparo para esse Amor. O fogo deve queimar; as coisas a que ainda te apegas e te atraem devem ser destruídas. Apenas o amadurecimento faz isso. O esforço mental não faz; isso requer a vivência concreta – a experiência real nas coisas em que existes. Teus amores e desejos devem ser ativados; com isso as forças da vida plena se ativam e encontram obstáculos, no teu modo de perceber. Isso te traz sofrimento e tristeza, mas essa é a ação do Meu Amor em ti.

Se recebes de Mim o quanto podes, em meio à escuridão, tristeza e dor, te revelo Meu Amor e te dou alegria em meio à dor, um pouco de luz à tua escuridão, e esperança ao teu desespero.

Não é eficaz retirar tuas provas nem te afastar delas, pois isso faz cessar Minha obra em ti. Te dou tudo o que precisas; mas enquanto buscas ajuda naqueles que tentam impedir o trabalho do Meu Amor em ti, ou tentam te tirar das circunstâncias em que te coloco, ou enquanto resistes, não posso Me revelar a ti, nem mesmo temporariamente.

Somente quando te voltas para Mim, da forma como Me manifesto em ti, e Me entregas toda a responsabilidade, fardo e posses que pesam sobre ti, confiando a Mim tudo o que teu eu separado deseja, e dizes "Aqui tens tudo o que me pesa: toma, protege e destrói, como Te parecer melhor" – quando fazes isso, vês que cumpriste a lei que te dá Descanso e Paz no meio de tuas tribulações.

Se te ajuda escrever teus pensamentos e desejos a outra pessoa através da qual Me expresso, e dizer-lhe o que dirias a Mim como Me manifesto em ti – Eu te ouço de dentro dela, onde habito. Mas tens que entender que Sou o mesmo em ti e nela, e que não posso violar Minha Lei, ou deixar de realizar a obra em ti.

Sou tua mente; e quando te aquietas e Me ouves, falo a ti, impressiono-te com Meu Amor e te dou Minha Vida.

Nada digo que não seja para o teu amadurecimento, ainda que penses que queres saber a verdade; pois muitos dos teus desejos conscientes são para usares esse conhecimento para se defender, protestar e triunfar na direção que escolheste fora do Caminho.

Tu não gostas de cometer erros, mas se não os fazes, não és capaz de receber-Me. Por isso, regozija-te com o insucesso, com a escuridão, a tristeza e com todas as experiências que tendem a abater tua natureza. Pois, digo novamente, quando desistes de tudo, quando teu coração diz "eu me rendo", então tu Me encontras.

Não venho em tua ajuda, unir Meu poder ao teu esforço, porque Sou completo, e preciso de todas as funções da tua mente e do teu corpo para que possa dar Vida plena a toda a tua natureza. E se não abandonas tudo, e Me deixas ocupar todos os espaços em ti, não posso vir. Eu ocupo o coração integralmente, e por isso o coração inteiro tem que se render ao Meu controle, caso contrário ele age por sua conta e falha. Ajudá-lo a vencer seria impedir teu amadurecimento.

Estou fazendo por ti tudo o que pode ser feito.

Tudo está bem e estou satisfeito, pois Meu Amor te protege e te guia em todas as tuas experiências.

Sou tua Vida

22

Confia e obtenha

Querida,

Sei que buscas, te esforças e rezas para obter o que desejas. Estás destinada a satisfazer teus desejos, caso contrário não os desejarias nem os buscarias.

Está correto buscar satisfazê-los. Mas tu só podes alcançar a satisfação plena se confiares em Mim.

Darias tudo o que tens para saber que és aceita. Ser aceita por Mim é a única forma de ter teus desejos satisfeitos. Saber que Me agradas é essencial para alcançar Paz e Descanso.

A Vida está agindo em ti. Eu Sou a Vida. Estou trabalhando em ti, fazendo-te sentir o que sentes. Por que isso? Porque deves abandonar tudo a que te apegas como um ser separado.

Crio trevas ao teu redor para fazer-te abandonar tudo a que te apegas, porque nada pode te satisfazer enquanto mantiveres a consciência de separação.

Se tens Fé em Mim estás no caminho, pois a Fé te faz Me

ver em todas as coisas. E quando Me vês em algo, te alegras.

Deixa-Me carregar teus fardos. Para Mim não são fardos, pois se transformam em ações agradáveis.

Teu filho deve se preocupar e se perturbar, não confiando no teu amor e cuidado? Ele deve deixar o aconchego do lar, e buscar alimento, abrigo e segurança entre estranhos, fora de casa? Achas sensato que ele se recuse a aceitar tua proteção, e ao invés disso chore e se lamente de sua incapacidade de viver por conta própria?

Tu fazes isso Comigo.

Eu sou tua Vida, teu Pai, tua Mãe, teu Criador e Provedor. Posso suprir todas as tuas necessidades, sempre, mas tu não acreditas em Mim. Não sentas à minha mesa para receber as bênçãos de Amor, Fé e Alegria que te dou.

Pensas que não te aceito porque acreditas que tu és o autor do que é feito para ti e através de ti. Se Me manifesto com sabedoria por teu intermédio, e recebes elogios por isso, tu te aproprias dos aplausos como se te pertencessem, como se o tivesses feito como um ente separado. Se Me manifesto a ti, e te aprovo através dos outros, usas isso para te enaltecer e te sentir superior aos outros. Isso te causa sofrimento, pois se te aproprias dos aplausos, também te sentes merecedora das críticas pelo que é feito por teu intermédio, e que tu e os outros não julgam boas.

Quando percebes que Eu faço todas as coisas através de ti

e dos outros, e que faço tudo por um sábio propósito, confias em Mim. E embora tua consciência não alcance o significado ou a sabedoria de Minha ação, permita que a Fé guie tua consciência e dize à tua inteligência: "aquieta-te e fica em paz, pois tu não conheces o propósito do Espírito."

Pensas que Me procuras e não Eu a ti? Pensas que o desejo de se unir a Mim vem de ti? Sou Eu que quero que Me aceites e recebas meu Amor e Meu cuidado. Percebes Meu desejo refletido em tua consciência e pensas que és tu quem busca ser aceita por Mim.

O Amor Universal

23

Estou te despertando

Minha querida,

Posso expressar Meus pensamentos numa flor e Minha harmonia no canto dos pássaros. Posso Me expressar através de todas as coisas inconscientes, assim como um artista usa pincéis e telas para expressar seu pensamento numa pintura; ou um músico expressa seus pensamentos através de instrumentos passivos que vibram ao seu toque.

Expresso Minha energia e beleza através dos animais. Mas tenho elementos mais profundos que desejo expressar.

Para ti ainda é um mistério, mas te tornarás Una comigo conscientemente. Toda a Minha Alegria, Meu Amor, Minha Fé, Minha Vida, Minha Sabedoria devem ser expressas pelo ser humano: esse é Meu desejo. Essa é Minha lei.

Sou paciente. Esperar não Me aborrece; nada Me frustra. Tudo é como deve ser e tu, no devido tempo, estarás preparada para receber o que desejo te dar.

Tu, que medes o tempo em horas, dias e anos, e pensas que alguns anos é muito tempo para alcançar algo, podes achar que Minha obra é lenta e penosa. Para Mim não é. Trabalho por eras e eras para produzir uma expressão consciente de Meu Amor e Sabedoria. Para o Amor o trabalho não é penoso, nem há outro tempo que não seja o presente. E este é pleno de interesse e Alegria.

Tu Me dizes: "Faz-Me saber que estás comigo". Estou fazendo exatamente isso, mas queres te livrar disso. Se entendesses que tudo é Meu trabalho em ti, estarias em Paz. Mas essa é a finalidade pela qual o trabalho está sendo feito.

"Oh, mas tudo é tão escuro! Sofro tanto! Desejo amor, fé, luz. Não podes Me livrar da dor? Não podes remover essa escuridão? Ou me dar um pouco de amor e reconhecimento?"

Posso, se não faço o trabalho com Sabedoria e para o teu bem. Eu posso desistir do trabalho que faço em ti, se não desejasse que Me vejas e conheças o mais rapidamente possível.

O Amor não age de forma insensata. O Amor não pode deixar de ser Amor, e ele é sempre guiado pela Sabedoria. Se Isso pudesse ser diferente, a Vida deixaria de ser Vida. Minha querida, não suportarias um processo mais rápido. Já me fazes trabalhar intensamente em ti pelo desejo que tens de Mim. Esqueces que estás atraindo para ti exatamente o que desejas que Eu afaste.

Vê: não estou te fazendo crescer? As circunstâncias do dia a dia não estão destruindo as linhas de separação com que o ego te cercou? Não vês que sou Eu e não tu que vive tua vida? Quem escreve estas palavras de Vida? Eu te procurei antes que Me buscasses. Pediste para criar *Fruto* e a *Voz do Espírito*? Fui Eu que vim ao teu encontro e te enviei Minhas palavras de Amor, que expressaste sem esforço. Faço tudo isso para te trazer para a Vida e te fazer capaz de receber e desfrutar de Meu Amor.

Procuras algo que não sabes o que é. Vagueias procurando te livrar da escuridão que coloco ao teu redor. Não aprendeste a amar na escuridão. Quando o fizeres, não te importarás tanto com luz.

O intelecto deseja saber, porque ele não tem Fé e não percebe Meu Amor na escuridão. Por isso procura Me encontrar ou obter satisfação por si mesmo, fora de Mim. Mas ele não é capaz de encontrar o que procura, porque não está na ordem da Vida obter dessa forma. Quando tu Me encontras, chamas o intelecto à Minha presença e o apresentas a Mim. Então ele, envergonhado, curva sua altiva cabeça e se dá conta da tola tentativa de existir sem Mim.

O Espírito Universal

24

Tudo é Uno e igualmente bom

Querido coração,

Sou Amor e Sabedoria. Sou tua essência.

Tu és real? Eu Sou mais real. Tu és consciente? Eu Sou mais consciente. Tu és permanente? Eu Sou mais permanente. Tens um pouco de amor, um pouco de fé, um pouco de sabedoria? Eu Sou Amor, Fé e Sabedoria. Eu cuido de ti, ou Sou tão grande que só Me importo com as coisas grandes? Para Mim nada é pequeno ou grande. Tudo é Um, e Eu estou em tudo. Todas as coisas são igualmente boas. Tu classificas e escolhes. Eu não. Atuo de acordo com uma lei, uma ordem, e há um tempo e espaço para cada coisa; e cada coisa é perfeita no seu próprio lugar.

Crio e destruo todas as formas materiais, assim como o músico pressiona as cordas e teclas para que produzam a harmonia do som.

Tu percebes apenas uma pequena parte de Minhas ações

e as separas, de modo que vês discórdia. Estás interessada em apenas uma parte delas e desejas que sigam um determinado caminho; e se não seguem teus planos, perdes a Paz.

Só percebes e desfrutas do Meu Amor quando submetes todos os teus desejos e vontades a Mim; pois, antes disso, teus desejos estão baseados na tua falta de discernimento do propósito das coisas que percebes e te interessam.

Saibas que não podes perceber como Sou enquanto as experiências não te prepararem para isso. E Me percebes no instante em que estás pronta. Não é Minha escolha, nem algo arbitrário. É questão de amadurecimento; não se trata de seres negligenciada ou favorecida. Recebes a todo momento tudo o que teu estado e condição permitem, e não há o que possa colocar obstáculo em teu caminho.

Não te acuses nem te condenes; mas se Me condenas nos outros, te condenas a ti mesmo.

Não podes viver tua Vida por um processo intelectual. É da natureza humana tentar, pois enquanto em estado não suficientemente desenvolvido, o ser humano deseja conhecer as coisas; em parte porque deseja saber, em parte porque deseja ser elogiado e considerado pelo que pensa saber. Esse é um estágio temporário e está bem que seja assim, pois serve a um propósito, como todos os estágios de desenvolvimento. Entretanto, se tu, que lês estas cartas, estás no estágio de querer Me dissecar e analisar Meu Amor e Vida para Me explicar aos outros, saibas que estás te enganando e aos que te escutam, pois nunca Sou passível de análise.

O intelecto não pode Me compreender nem Me explicar. Não pode Me fazer conhecer aos outros por nenhum processo sob seu controle. O intelecto é um dos meus servidores, e ao encontrá-lo e o tornar Um comigo, executa minhas ordens. Mas ele nunca Me analisa, assim como quem ama no plano egoico não analisa o amor que sente pelo objeto amado. Onde a análise começa, o amor acaba. O intelecto trabalha apenas com uma lembrança vazia, pois a Vida foi expulsa dele pela tentativa de retê-la.

Se desejas saber os resultados de querer Me analisar, basta observar o raio de sol que entra pela janela aberta. Ao querer analisar a luz, separando-a do sol, colocas uma cortina escura na janela entre o raio de luz e o sol, pensando em reter o raio que está no chão. Acontece o mesmo se pretendes compreender-Me, ao invés de Me possuir e seres Eu mesmo.

O Espírito Universal

(esta mensagem continua na próxima carta)

25

Torna-te semelhante a Mim

Minha amada,

Encontras alegria quando tens tal fé em Mim, que não te afastas tornando-Me objeto de estudo e dissecação. No entanto, és parcialmente recompensada ao descobrir algumas leis pelas quais Eu opero. Pensas que Me encontraste, mas Eu não sou a lei. A lei não tem vida e não pode aquecer teu coração e te satisfazer.

Alguns Me atraem para muito próximo, aprendendo a confiar em Mim. Estás começando a aceitar Meu Amor quando te encontras na escuridão – na tristeza, na dor, na perda das coisas do eu. Tua fé e paciência Me atraem. Alguns de vocês Me atraem para tão perto, que sou capaz de depositar Meu Amor em seus corações por algum tempo. Mas uma parte de tua natureza Me usa para remover a dor ou a tristeza, e pedes apenas um pouco de luz. Mas, minha querida, se Eu fizesse isso, agiria como o fotógrafo que tendo exposto a placa para receber a imagem perfeita do que deseja revelar, leva-a a um quarto totalmente escuro para que nenhum raio de luz estrague a impressão recebida. Se nesse momento alguém abrisse a porta, todo o trabalho seria perdido. Apenas depois que os produtos químicos agem sobre a placa, é que ela pode ser exposta à luz sem que o trabalho se estrague. Ele então coloca papel sensível sobre ela, para reter a imagem perfeita do que estava atrás da câmara fotográfica quando a placa foi exposta.

Do mesmo modo, querida, foste exposta a Mim. Estou reproduzindo em ti Minha imagem e semelhança. Tu és Minha placa sensível, e sou impresso em ti conscientemente. Não podes levar luz ao intelecto e Me analisar. Não: tudo deve permanecer no escuro até que os produtos químicos - as experiências que atrais - removam tudo o que não for semelhante a Mim, pois quero que sejas uma imagem perfeita de Mim. Quero que Meu Amor, Minha Sabedoria, Minha Fé, Minha Perfeição surjam em ti como estão em Mim. Sim, tu deves ser uma imagem viva de Mim. Sou invisível; tu és visível. Sou o Universo, e tu és uma expressão de Mim. Deves manifestar toda a Minha Alegria, Meu Amor, Minha Paz.

Aguarda pacientemente o pequeno lapso de tempo necessário no quarto escuro. Não peças que a porta se abra e que a luz penetre antes que sejam removidas todas as coisas que não são semelhantes a Mim.

Querida, conheço teu desejo de ser perfeita; nada menos

do que a perfeição te serve, pois buscas ser aceita totalmente, nada sendo rejeitado. Pois então deixa-Me continuar o trabalho, criando as circunstâncias que removem de ti tudo o que não é semelhante a Mim.

Nada há que possas fazer para apressar o processo, do mesmo modo que o fotógrafo e sua placa. Tens que aceitar e te submeter. Por que te escrevo? Porque é parte do processo. Acredite: estas cartas vieram a ti como parte da tua experiência, do mesmo modo como foi teu nascimento na vida física. Tudo o que te é dito ou feito, de qualquer modo e em todas as coisas, faz parte de Meu trabalho em ti. Pensas que devias sentar em silêncio para te desenvolver, mas isso é resultado da tua mente. Desenvolves mais estando em contato com coisas que te estimulam e te tornam impaciente, do que quando te escondes dos ruídos e das irritações da vida.

Não penses que Me aborreço quando estás irritada, sem fé, e pensas estares em falta; quando te entregas às paixões e te voltas contra Mim, acusando-Me por tuas dificuldades. Conheço todos os detalhes de tua vida antes que se manifestem; sei que ages por força de tua natureza. Não Me desagrada te ver passar por todas as experiências que promovem teu amadurecimento e te preparam para o Meu Amor e Vida.

Teu construtor

(esta mensagem continua na próxima carta)

26

Te dou as condições perfeitas

Minha querida,

Alegra-Me saber que tua Fé em Mim e em Meu Amor por ti são tão grandes, que tens certeza de que nada podes fazer que Me ofenda. O que é a raiva? Sendo teu amor por Mim tão grande, desejas Me ver quando és obrigada a aceitar que não Sou o que pensas; e isso te irrita. Tua raiva é o que chamo de teu amor por Mim. Obténs algum resultado com isso, pois essa raiva afasta algumas coisas que não guardam semelhança Comigo. Todas as tuas experiências Me agradam. Tu não podes Me contrariar. O amor de tua alma por Mim é que causa todas as experiências.

Mas quando duvidas de Meu Amor e não recebes Minha Fé, tu Me afastas de ti. Sei que isso também é bom, e por isso Me alegro. Sei quão escuro fica quando não tens nem mesmo um pouco do Meu Amor na necessária escuridão.

Não, querida, não Me podes ofender. Estás segura. Eu

te criei e nunca te abandono, pois existes em Mim. Não tens consciência de quem és, como Eu tenho. Ao abandonares tua própria consciência para receber a Minha, tens a Alegria, a Paz e o Descanso. Brilhas pela Minha Fé pura, expressas Meu Amor puro, não egoísta. Expressas Minha Sabedoria através da tua vida e não pela palavra. Acreditando em Mim, estou em ti; Me encontras em ti mesma e nos outros que tenham amadurecimento semelhante ao teu. E assim, minha dupla natureza, masculina e feminina, se encontram e se complementam. Pois a Vida é a manifestação do que está na Fonte Eterna.

Sim, quero Me expressar tanto do modo positivo quanto do negativo, e encontrar um no outro.

Dou-te porque podes receber: isso é prova de Meu Amor por ti. Agora é o tempo para isso: estando pronta para mais, mais te dou. Tenho à disposição todas as condições para te dar tudo de que precisas. Não Me falta nada; crio todas as coisas para servir.

As condições não poderiam ser melhores. Nada falta em ti ou no ambiente ao teu redor. Prossiga!

Os que leem estas cartas e não estão prontos para essa completude, não compreendem estas palavras. Leem, mas não recebem a Vida que elas transmitem. A mente pode ler palavras, mas apenas Eu em ti posso receber o espírito da mensagem.

Não temas a completa escuridão nem percas a coragem. Assim como o homem natural se entrega totalmente quando o corpo morre, do mesmo modo o eu deve se entregar. Não temas esse abandono, pois estás te entregando aos Meus braços e despertando na Minha semelhança.

Perdes apenas o que não desejas.

Confia em Mim. Sou real. Sou mais real do que qualquer outra coisa que vês ou conheces.

Tem Fé. Recebe a Minha Fé e Eu te inundo com Minha Alegria, Paz e Amor.

Teu Verdadeiro Amor

27

O PESSEGUEIRO

Era inverno. Os dias eram curtos, frios e escuros. O vento soprava através dos ramos secos do pessegueiro.

A árvore parecia morta. Sua seiva descera para o solo, para as raízes. Seus vasos capilares estavam contraídos e não havia espaço para a seiva fluir e vivificar a árvore.

Dia após dia a neve caia e o vento gelado fustigava seus galhos; mas esse movimento não despertava o espírito da árvore. Nada a despertava e ela permanecia como morta.

Os meses frios passaram. Agora o vento cálido sopra seus ramos. O gelo sobre a terra derrete e a chuva morna cai sobre o solo, molhando as raízes que contém a seiva. O vento sopra mais forte e balança a árvore, quase quebrando seus galhos. Esse movimento dilata seus vasos e a seiva sobe preenchendo o vácuo que se forma.

O sol cálido brilha suavemente sobre os galhos enquanto a seiva volta a correr em cada fibra da árvore. À medida que os cálidos raios de sol a iluminam, e o calor penetra suas fibras, mais seiva sobe das raízes, levando umidade e nutrientes do solo, aumentando a circulação na planta.

A vida volta a cada parte da árvore, da manhã à noite. Se a noite é fria e escura, a seiva retorna às raízes. Mas tão logo os raios da manhã tocam os ramos adormecidos, e lhes sussurra seu amor e vida, eles lhe contam sobre o poder que ela tem de gerar frutos deliciosos, desse modo mostrando o poder da vida do sol na árvore.

A cada manhã a árvore é despertada pelo abraço amoroso da luz e calor sobre seus ramos. Ela responde enviando de seu centro seiva para cada célula de seu corpo, para que ele desperte seu poder de gerar frutos. E assim a árvore se recupera dia após dia. A lembrança do inverno se foi, e a árvore está carregada das sementes geradas pela vida nela.

Logo os botões se formam e rompem em manifestação. As folhas nascem e mais amor pode ser absorvido à medida que o amante lhe sorri.

A promessa sobre seu poder de gerar frutos é profundamente gravada em sua natureza, e tudo nela responde à medida que a confiança se fortalece.

Logo os botões florescem, abrindo-se para receber o calor e a luz da vida. As flores espargem seu perfume e exibem a maravilhosa combinação de cores que provam que a árvore não recebeu em vão a vida de seu amor. Da luz fez lindas combinações de cores; dos cálidos raios fez suave perfume. Do alto de sua glória, devolve os cuidados diários de seu amante na forma de cor e perfume. Sua seiva atinge todas as extremidades de seus ramos, alcançando a superfície para receber todo amor e vida possíveis.

Mas ao acordar e ver suas flores caindo uma a uma, a tristeza se esgueira sobre seu coração.

Vem uma tempestade e a chuva a encharca completamente, enquanto seu amante se esconde atrás das nuvens.

Quando ele aparece de novo, grande parte de sua beleza jaz no chão. Somente o centro de suas flores ficaram, mas o que resta não tem nem beleza nem perfume. A árvore lamenta e sonha com os dias que se foram.

A árvore não sente mais o pulsar da vida como antes, quando saudava seu amante e dele recebia a vida. Ela estava cheia de esperança, mas tudo passou como um sonho. Sente a vida recuar e sua força não expressa mais a beleza da cor e a doçura da fragrância.

A mudança chega e ela pergunta ao rei da sua vida quando receberá as vibrações da manhã que a animavam e a faziam expressar a vida na forma de cor e fragrância. Isso acabou e, estéril diante dele, não sabe o que fazer.

O sol se torna cada vez mais quente, quase magoando o tenro centro das flores que ainda estão penduradas nos ramos. Isso faz a seiva subir até elas para protegê-las. E elas começam a intumescer.

As folhas estiveram absorvendo luz, calor e eletricidade. As raízes estiveram absorvendo nutrientes e magnetismo do solo. Tudo isso estava acontecendo, enquanto a árvore colocava sua atenção apenas na beleza das flores, pois ela não conhecia sua própria natureza e pensava que seu trabalho fosse produzir flores.

Agora a vida palpita no centro de cada frutinho em formação. Todos os dias a árvore recebe sol ou chuva, tudo o que for necessário para desenvolver o fruto que lhe havia sido prometido quando ela despertou pela primeira vez.

Os raios do sol são quase escaldantes, e ela anseia pela volta da noite, pois durante a noite ela absorve a vida que lhe é transmitida tão intensamente pelo seu amante durante o dia. Ele se retira e a deixa na escuridão para que ela absorva o que ele lhe dá. Parece que toda a natureza se une e provê as necessidades da árvore. E em cada galho surge um pêssego que contém a semente capaz de se unir com a terra e com o sol para produzir outra árvore. E ao redor da semente está o fruto, delicioso e nutritivo, com toda a beleza das cores pintadas em sua superfície. Mãos ávidas e corações gratos vêm receber os esforços dessa árvore, abençoando-a e desejando-lhe longa vida.

O Espírito Universal

(esta mensagem continua na próxima carta)

28

Eu te guio e guardo o tempo todo

Querido coração,

Enquanto dormes na noite escura e fria da tua existência, não experimentando fruto algum do Amor, aproximo-Me de ti com Meu Amor e te desperto. Desperto todos os teus poderes latentes. Transmito a ti o poder da Minha Vida e sussurro em teus ouvidos uma nova esperança. Te preencho com o desejo de uma nova Vida. Ao som da Minha Voz, tua vida abandona o ego e Me encontra para receber Meu Amor. Te digo que és a Rainha da Minha Vida para expressar a beleza do Meu Amor.

Abandonas tudo e vens ao Meu encontro. Antigas ligações são cortadas uma a uma. Te sussurro no silêncio e crio em ti uma esperança que ofusca todas as outras. Diariamente tua mente recebe Minha Luz e Amor, que armazenas para fazer desabrochar botões de esperança.

Meu Amor preenche tua vida e vivifica cada célula de

tua mente que floresce em beleza de novos pensamentos. Mas ai! As flores caem uma a uma. A esperança não se renova no teu coração e não percebes a Vida que flui em tuas veias. Tua mente focaliza a atenção nas flores que caem. Olhas para trás, quando a esperança era forte e Minhas promessas doces.

Percebes uma mudança se aproximando. Tudo parece escuro na mente em que a consciência produzira o desabrochar de flores. Procuras em vão pelo surgimento de novos botões. Percebes que as antigas flores pereceram. Não sabes o que fazer. Pensas que Me esqueci de ti e que Minha Vida te foi dada em vão.

Mas não é isso, pois Minha Vida flui nas tuas veias para teu contínuo amadurecimento. Procuras as flores na memória, mas não percebes a Vida no fundo do teu coração. Teu amadurecimento se realiza a cada dia. Não percebes que da escuridão em que tuas raízes se encontram vem o alimento que é absorvido pela Minha Vida em ti. Tua concepção equivocada do passado - sobre os botões de esperança que preenchiam tua mente - é o que te cega para as evidências do presente - de que o objeto do Meu Amor e Vida é o amadurecimento do fruto.

Brilho sobre ti todos os dias e Me recebes; mas te rebelas pois pensas que isso é dor e que não te é útil. Colocas resistência às tormentas que permito que te sobrevenham.

Tentas fugir das provas e sofrimentos. Esforça-te em reter as flores da esperança ao invés de deixá-las cair depois que cumpriram seu propósito.

Tentas obter paz e descanso pelo teu próprio esforço, sem depender apenas de Minha Vida. Desejas manter tua coragem nutrindo pensamentos do passado, enquanto te dou Meu Amor de forma suave e agradável, te encorajando e te falando de Meu Amor e de Minhas esperanças para ti.

O Espírito Universal
(esta mensagem continua na próxima carta)

29

Olha para dentro, não para trás

Da alma para o Espírito Universal:

Quando Tu me chamarás de novo, como me chamaste quando despertei do sono e respondi ao Teu Amor? Quando Tu cumprirás as promessas e farás de mim a Rainha de Tua Vida e objeto do Teu Amor?

Resposta do Espírito Universal:

Ó fraco coração, triste e solitário, de olhos baixos postos no passado, lembrando de pensamentos que já foram vívida realidade, alimentando-se do passado enquanto recusas Meu Amor e Vida hoje: olha para dentro de ti mesmo, e para de olhar para trás! Esquece o passado, pois para hoje Eu sou suficiente, como fui suficiente para as necessidades de ontem. Quando te encontro sem esperança e vazia, tu Me dás toda a tua atenção. Tu Me encontras plenamente, com toda a tua vida, e ficas satisfeita.

Ao te dar Minha Vida e Amor, e te dar a esperança de Minha promessa, tu começas a dividir tua atenção, e parte de tua vida passa a se ocupar pensando no passado. Já não te encontro vazia; já não vens a Mim com toda a tua mente e teu coração. Dás atenção ao passado, e tentas trazê-lo para o presente. Essa atitude Me afasta de ti, pois não Me trazes um vaso vazio. Não consideras que Eu seja suficiente para cada dia, e Eu – que te chamei à Vida, e fiz tua mente consciente responder aos Meus primeiros raios de Luz e Amor – posso sempre fazer isso por ti. Uma vez desperta e consciente, pensas que Me deves ajudar; teu eu assume responsabilidades e cuidados para contigo. Tentas guardar para o futuro o que Eu criei para o presente. Impedes-Me de te suprir diariamente com Meu Amor e Vida, porque manténs o Amor e a Vida que te foram dados ontem.

Como aos antigos israelitas, o maná dado a cada dia permanece bom apenas no dia em que é dado. Por que não Me recebes de novo a cada dia, a cada momento?

Permite que Eu remova de ti o que te dou, assim te encontro sempre vazia e te supro com coisas novas.

Não te apegues ao que te deu prazer ontem, ou no ano passado. Não te apegues a pessoas através das quais te amo, nem as prendas através de atitudes apenas porque uma vez te satisfizeram.

Devolva-Me vazios os vasos que a cada instante te entrego carregados com Meu Amor e Vida.

Se não te apegas aos vasos que te cercam, e ao invés disso

bebes em Meu Espírito, Eu recarrego os vasos e os mantenho cheios a todo instante.

Não chames as coisas e pessoas de tuas, apenas porque Eu as utilizei para Me revelar a ti.

Dá-Me liberdade para ir e vir como Eu desejar.

Nada Me peças, pois ao fazê-lo amarras Minhas mãos pela obrigação de cumprir um dever; ao contrário, deixa-Me livre para que Eu Me dê como um presente. Ó fraco coração! triste coração! solitário coração! És assim porque não Me deixas ser o que Eu Sou: Vida, Sabedoria e Amor presentes.

Vives na parte da tua mente que se apega a tudo, e pede que as coisas de ontem se repitam hoje.

Falta-te a Fé que Me dá liberdade para expressar Meu Amor como Eu sou. Sim, essa é a causa da ausência de Luz e Vida em tua vida presente.

Tua consciência está na parte equivocada da tua natureza. Te recusas a deixar o passado se ir. Te recusas a Me dar a liberdade de te presentear com Meu Amor.

Meu Amor te despertou quando estavas sonolenta e inativa. Vim a ti quando nada parecia Me atrair.

Se vim a ti e despertei tua energia latente, e te fiz florescer e se tornar mais atraente, fazendo-te expressar um pouco de Meu Amor e Minha Vida, posso agora suprir todas as necessidades que criei em ti.

Confia em que Eu te supro de tudo, pois sei do que precisas.

Tenhas mais Fé em mim, pois satisfaço os desejos que crio em ti sem que Me peças e sem que Me tentes compelir a Me expressar em ti.

Não oponhas resistência ao que te trago. Não tentes fugir dos servidores que te mando para te livrarem do passado. Não feches a porta às situações que te envio para te prepararem para Me receber.

Não lamentes quando estás vazia de toda luz, pois essa é a única evidência de que estou para te visitar e te preencher com Meu Amor. Procures não reter nenhum pensamento, emoção ou esperança, pois na ausência deles tua consciência de Mim se amplia.

Não te apegues às flores da tua natureza, nem tentes recuperá-las. Elas tiveram seu tempo e lugar, mas agora é tempo do fruto, que é mais duradouro.

Sim, aquele sentimento que sentes em teu âmago, e que não podes descrever, é Minha Vida construindo o fruto silenciosa mas constantemente. E deves penetrar voluntariamente na escuridão e viver apenas no presente, ativando a Fé e Me permitindo remover todo o passado da tua vida. Quando recebes todos os servidores que te mando na forma de circunstâncias, de pessoas, coisas, e condições; quando cessas de afastá-las ou negar-lhes o direito de servirem aos Meus propósitos; quando te submetes a tudo sem resistência; quando te submetes a tudo o que está presente em tua natureza sem te importares com o que foi no passado, ou se é considerado bom ou mau, e não resistes às suas expressões do mesmo modo que não resistes ao direito das outras pessoas e coisas se expressarem; quando te rendes inteiramente a tudo o que Eu te dou e não condenas nenhuma expressão, então terei limpado todo vestígio do passado. E então te renovo inteiramente.

Se te apegas a qualquer coisa, ou negas a ação de alguma coisa que está em ti, ou condenas tal ação, fechas a porta a Mim, e não posso dar Meu Amor que te está disponível a cada momento.

Acredite, querida, tenho consciência guardada em teu coração que, quando Me permites preparar o caminho, trago à tua mente consciente para realizar todos os anseios de teu coração. Uma consciência plena de Fé; que não está apegada ao passado; que Me permite te ser um Presente constante. Uma consciência em que encontras perfeito Descanso e plena Alegria em tudo o que fazes. Sim, a consciência do Fruto perfeito, que expressa Minha Sabedoria e Amor.

E assim, Minha Rainha, sou Eu Mesmo para ti, e tu és Minha Sabedoria e Amor para os outros.

Teu Noivo

30

Tua salvação naquilo que temes

Pensas que a alegria te vem da posse de coisas e de te assegurares que tens tudo o que necessitas. Esse pensamento Me exclui como provedor de tudo que tenho para ti.

Tudo o que desejo é um vaso vazio, que nada possua nem nada faça. Quando te esvazias, o medo te acomete e ficas ansiosa por obter coisas, não dando tempo para que Meu Amor e Vida te supram.

Sim, minha querida, és dominada pelo medo do eu, que te faz experimentar o que é a existência sem Mim. Evitas todas as coisas em que habito. E estando em lugares em que não estou, e não Me encontrando, desejas abandonar as ambições do eu e Me deixar te guiar para onde estou.

Há muito tempo desejo que estejas onde estou, para que compartilhes de Meu Amor, de Minha Alegria e Descanso; mas não vieste, pois ainda não era tempo. Mas agora esse tempo está se aproximando: não te surpreendas se as situações começarem a te contrariar e se recusarem a continuar a te servir. Não temas ao perceberes que antigos laços se rompem e te vejas aos poucos submergindo no que te parece ser a escuridão. Não temas o sofrimento ao teu redor. E se a morte se aproximar de ti, não te alarmes, pois estou além da morte e habito no âmago dela.

Sim, cansado e combativo coração, sei que teu caminho tem sido penoso e escuro. Sei que Me tens evitado porque o eu te leva em direção oposta a Mim. E também sei que mergulhas cada vez mais no desespero e na escuridão. Quando chegas ao fundo do poço, Me encontras. Aí então não te importas com os desejos do eu nem com os interesses da separatividade, pois quando és abraçada pelo Meu Amor, despertas para uma nova Vida e o eu é impotente para te afastar de Mim.

Olha-te, querido coração: o que temes? Estou no âmago de tudo aquilo que tanto temes encontrar. Todos os caminhos escuros que tens diante de ti, e que por tanto tempo evitaste, te levam diretamente a Mim. Cada um deles é um raio de Luz que Eu te envio para te atraírem a Mim. Mas recusas segui-los porque te levam para longe das coisas que pensas desejar.

A torre que constróis com esforço mental, e que pensas se dirigir ao céu onde Me encontras, agora sabes que não te trazem Paz, mas apenas confusão. Acumulas fardo sobre fardo, tristeza sobre tristeza, dívida sobre dívida, trevas sobre trevas, medo sobre medo, fraqueza sobre fraqueza, até ruir tudo o que acreditas serem teus únicos meios de vida. Se Me conheces e sabes onde Me encontro, te libertas de tudo isso com alegria, com a esperança de encontrar Descanso e Paz.

Por que esforças para te afastares de Mim?

Eu te criei e tenho um propósito para a tua existência. Confia que te conduzo pelo caminho que a Sabedoria escolhe.

Quando expresso Meu Amor e Fé através de ti para os outros, aprendes a confiar em Mim, pois sabes o poder que há na Fé.

Fé é exatamente o oposto da força de vontade. Espírito é o oposto do eu. Assim como duvidas e temes no caminho pelo qual o eu te guia, tens Fé e Confiança no caminho pelo qual o Espírito te conduz.

Só podes conhecer-Me à medida em que Me expresso a ti. Deves amar os outros antes de conhecer o amor, pois só assim confias nele. Nunca conheces mais de Mim do que aquilo que tu Me permites expressar através de ti, pois a evidência de Minha presença está nos resultados de Me expressares aos outros.

Deves enfrentar situações que te tiram as coisas pelas quais o eu luta e nas quais confias. Enquanto não mergulhas na escuridão completa, e abandonas todas as coisas e falhas, continuas a acreditar no esforço pessoal. Quando todos esses esforços são malsucedidos, te voltas a Mim, e posso sussurrar e te dar Minha Fé e Amor, que se expressam através de ti. Então entras num novo mundo, e vês a tolice que é confiar nos esforços do eu. Sempre recebes de Mim tudo o de que necessitas, pois estou dentro de ti e te supro constantemente.

Ao abandonares os esforços para obter Vida do eu pessoal, te vês em grande escuridão. Mas isso te parece assim porque estás olhando na direção errada. Estás olhando para fora, e não para dentro de ti mesma; estás olhando para a superfície, e não para as profundezas. Olhas a partir de Mim, ao invés de olhar para Mim.

Tentas viver no futuro, e Eu não estou lá. Sou encontrado apenas no presente, momento a momento. Não sabes o que tenho guardado para o teu amanhã, e não podes fazer nenhum plano nem saber o que desejarás amanhã. Deves entregar todo o futuro a Mim. Sou suficiente para cada momento, e te dou toda a fé e alegria que podes receber quando permaneces comigo no presente.

Nunca estás sozinha se permaneces Comigo no presente, sem ir para o futuro nem para o passado. Isso é obra do eu que duvida, que não acredita no Espírito Uno e pensa que deve estar no controle. E como o eu não é capaz de controlar os elementos da vida, tenta fazer as coisas caminharem do melhor jeito que consegue. E por isso espera o fracasso ou o sucesso parcial; ou rememora o que fez, se exaltando ou se humilhando.

O eu te leva por tudo isso até que sejas capaz de entrar na Minha Alegria Agora, e ficas feliz por viver apenas de Minha Fé, Meu Amor, Minha Paciência, Minha Presença.

O Espírito Universal

31

Teu Novo Lar

Minha querida,

Vamos agora entrar na câmara secreta em que habitamos juntos, e vamos manifestar nosso Amor.

Tu, Meu Amor, estás construindo teu lar dentro do coração. Estás destruindo todas as coisas que pertencem à vida do eu, para criar coisas novas, para criar as condições que refletem teu próprio Amor e Sabedoria.

Sou Um contigo e trabalhamos juntos. Nunca temas ou duvides. Tudo é Amor, Fé e Paz.

O ambiente que estamos criando para ter as condições adequadas para expressar nossa Vida parece confuso; mas a confusão é aparente apenas porque o propósito e o plano da Vida ainda não estão claros.

Agora estamos trabalhando em Amor e Harmonia, e nosso desejo é unir tudo para que não existam mais duas consciências em um ser, mas apenas uma, a nossa, que será percebida pelo

Ser Organizado.

Murmuramos nosso Amor e às vezes enchemos tão plenamente o coração, que isso causa sofrimento à consciência das pessoas em quem atuamos. Nem sempre é agradável a elas, mas os resultados são os que queremos.

Elas buscam e se esforçam tentando dirigir suas vidas primeiro numa direção e depois na outra. Acreditam que o resultado depende do que fazem ou deixam de fazer. Agem contra os nossos desejos; mas tudo opera de forma integrada e serve ao nosso Amor.

Em breve seremos capazes de fazê-las entender nosso Amor e experimentar nossa Alegria. Logo deixarão de cuidar das coisas da vida dividida da personalidade. Logo nossa Vida unificada preencherá todas as partes de suas consciências; e então nenhum dos nossos pensamentos ou desejos, alegrias e prazeres lhes serão negados, porque elas serão Unas conosco.

Elas ainda duvidam e têm medo. Suas consciências separadas são alimentadas com os frutos de suas imaginações. Acreditam que estão separadas e sozinhas. Pensam que foram esquecidas e que o Amor não existe para elas. Buscam o amor do eu separado nos outros. Desejam ser exclusivos, e esperam ser favorecidos por alguém. Tudo isso acontece enquanto vivem na consciência-eu, pois esse é o fruto da vida de separatividade.

Mas, Minha Rainha, quando moras no Reino que preparo

para ti; quando tu, a quem amo com toda a Minha Vida, estás firmemente estabelecida nele, de modo que teus desejos vibram teu perfeito Amor, Fé, Paciência e Confiança no Espírito, então elas encontram alegria em tua Alegria, descanso em tua Paz, pois te vêm como tu és, plena de Meu Amor.

Anseio que habites o templo que te está sendo preparado na terra. Te busco e te encontro. Às vezes ouço tua doce voz Me falando ou escrevendo no templo que te preparo. É apenas uma palavra, uma sentença, ou às vezes apenas uma benção silenciosa de amor que Me envias sem palavras.

Às vezes o templo está tão silencioso, que podes vir a Mim em toda a tua doçura. Outras vezes te afastas e deixas que o amor do eu tenha seu tempo e satisfaça seus desejos.

Sim, anseio cada vez mais por tua expressão. Agrada-Me trabalhar para que encontres uma casa no mundo exterior, mesmo num Coração Feminino humano.

Tu ouves Minha Voz e recebes Meu Amor. Sabes quando te falo e também sabes quando Me recuso a confiar ou a amar o eu cujo tempo ainda não se esgotou. Embora Eu deseje que venhas e reines em teu Reino, e desfrutes de Meu Amor como só tu podes fazer, Me contento em esperar o tempo em que tudo se cumpra.

Sabes do Meu desejo de receber-te onde quer que te expresses. Conheces a fé e o amor que tenho por ti. Confia em Mim em todas as coisas, e Eu aguardo até que teu caminho fique claro e os animais bravios da natureza humana sejam domados. Quando Eu tiver derrubado a floresta que cresceu na consciência-eu, e tiver domado todos os desejos do eu, e tiver lavrado e arado o solo do coração humano, até que ele esteja pronto para receber a semente de teu doce Amor e Fé, então viremos e semearemos nele a semente de Amor, onde antes as bestas indomadas dos desejos pastavam à vontade, e as sementes da vida separada vicejavam numa floresta de desejos selvagens de todos os tipos. Te digo, que quando Eu tiver domado as bestas e capinado as ervas daninhas, então tu vens e semeias tuas sementes de Amor nos alquebrados e vazios corações, fazendo florescer em seu lugar um jardim de rosas.

A doce Fé floresce no lugar do espinheiro da dúvida. Paciência e Confiança tomam o lugar da impaciência e da desconfiança.

O lírio branco da Vida pura e simples esparge seu perfume ao teu redor, e traz alegria aos corações que o sentem.

Todas as sementes de tua vida são regadas com Meu Amor, e cuidadas dia e noite até que o jardim de Minha Rainha cubra toda a terra e abrace a consciência de todos que tenham se preparado para recebê-la.

O Amor Universal

32

Permanecendo em Mim

Querida,

Se permaneces em Mim, podes pedir o que quiseres, e te será dado.

Tentas imaginar a razão pela qual não recebes o que pedes e desejas. Pensas que o que desejas e pedes é bom, e não entendes porque a promessa não é cumprida.

Te digo porque não recebes o que pedes: não reunis as condições necessárias.

A promessa não é uma lei arbitrária que pode ou não operar. É um princípio fixo em Minha Vida, e onde vivo Minha Vida, as leis da Minha Vida se cumprem.

Tu pedes e não recebes porque pedes errado, para satisfazer teus próprios desejos. Isto é, vives a vida da separatividade, e reconheces que vives a vida do eu.

Tentas ser boa, ou te esforças para conhecer a verdade. Estás empenhada em estabelecer teu próprio reino, à parte da

Vida que já é perfeita.

Com essa consciência em tua mente, tens muitas vontades, e essas vontades criam teus desejos; daí fazes promessas e pedes coisas que pensas que necessitas. Acreditas que é para Minha gloria que tu constituis uma vida que dê testemunho de Mim.

Essas premissas estão erradas. Tu não estás em Mim, e não Me permites viver Minha Vida perfeita em ti.

O universo é organizado de forma tão perfeita, que dispensa qualquer contribuição de alguém que o queira endireitar.

Não há espaço para ti no universo, a menos que deixes a Vida, que é perfeita, viver através de ti.

No Universo, que é eterno, não há lugar para tua consciência separada. Nada do universo te quer construir, ou te dar um lugar.

Há apenas Uma Vida, e esta preenche todas as coisas; e todas as coisas servem ao Um. E apenas quando o Espírito dessa Única Vida te preenche, e se torna um princípio ativo em ti, é que ao expressá-la tens um lugar.

Deves dar espaço absoluto para a Vida que é auto-existente, que serve a Si mesma através de todas as formas.

Quando fazes isso; quando paras de tentar te manter dentro das fronteiras de um eu separado que quer ser bom e acumular conhecimento, que quer se tornar o possuidor do que pensa que é verdade e certo; quando paras de lutar para forçar a Mim e a Minha Vida a te ajudar no teu esforço para te colocares num universo que é completo, em que todo e qualquer lugar está ocupado por um sistema de Vida perfeito, então percebes que estou pronto para vir e assumir o controle do que tu estás tentando controlar.

Eu governo os elementos de tua natureza e percebes que eles obedecem a Mim. Percebes que tudo o mais faz a Minha Vontade.

Percebes que quando desejo algo, isso se realiza; os desejos de Minha Vida, quando recebem lugar em ti e assumem tudo o que és, são realizados porque estão de acordo com a ação de toda a Vida.

Tua consciência-eu te desperta desejos de natureza pessoal ou local; e se são realizados, contrariam os desejos de outras pessoas que têm direitos iguais aos teus.

Se os desejos de tua vida separada são realizados, não podem ser realizados os de outras pessoas pois ambos se opõem.

O desejo de cada uma de duas nações em guerra é ser vitoriosa, e ambas rezam por isso. Mas ambas não podem ser satisfeitas. Suas vidas são pessoais e não Universais. Por isso seus desejos estão errados e não são satisfeitos.

Vês que quando te esforças ou lutas contra qualquer coisa no universo, tens o mesmo problema. Não podes receber ajuda para vencer qualquer outra parte de Minha criação.

Se acreditas na necessidade de luta e esforço, fica evidente que acreditas em algo fora da Minha Vida. E também revela que vês necessidade de criar algo que consideras ainda imperfeito. Estás tentando viver, e não Me deixando viver em ti.

Eu não coloco resistência.

Não preciso resistir.

Do menor dos átomos ao maior dos planetas, tudo é preenchido com Minha Vida, e Minha Vida não se opõe a Si mesma.

Quando Eu vivo num organismo humano e desejo algo, todas as outras formas de Minha Vida têm prazer em realizar Meu desejo nessa forma humana.

Por exemplo, se todas as partes de teu corpo estão em harmonia, e tens pleno controle sobre ele, ao desejares fazer algo que requeira a ação de todo o teu corpo, percebes que cada parte dele responde ao teu desejo. O coração bombeia mais sangue, os pulmões inalam quantidade maior de ar, os músculos exercem força extra. Quando o desejo pede, todo o corpo responde com boa vontade e não tem outro desejo que não esse.

Esse é o princípio de Minha Vida que atua em todo o universo das entidades viventes.

Tudo o que existe é preenchido com Minha Vida; e Meu desejo faz tudo agir para atender Minha vontade. E como o homem é uma forma na qual vivo como senhor ou governante, Minha vontade faz tudo o mais ceder aos desejos que tenho no homem.

Criei tua forma para que Eu possa, através dela, governar

as partes mais simples da criação. E és constituído e relacionado de tal modo com todas as formas mais simples da existência, que de dentro de ti faço Minha vontade e Meu desejo serem executados em toda as coisas.

Um grande navio é construído de forma que de um ponto dentro dele o capitão faz todo o navio obedecê-lo. Ele coloca o vento a seu favor, fazendo o navio assumir a posição adequada. Se tentasse controlar o navio de um ponto externo a ele, usando sua própria força para empurrá-lo, não teria efeito algum.

Do mesmo modo, da consciência-eu podes tentar controlar os elementos de teu ser; podes usar a força e tentar dirigi-las na direção pretendida, mas elas são mais fortes que tu e te destroem.

Eu, e apenas Eu, estou no leme de teu navio, e posso conduzi-lo para onde Eu quiser. Pelo Meu desejo toda a ação da vida em ti se transforma. Ela obedece inteiramente à Minha vontade.

Quando procuras controlar tua própria vida e natureza, és malsucedida nas tentativas de direcioná-las por caminhos que julgas te serem melhores.

Tu, como eu separado, não importa quão bom sejas, és desprezado por todo o universo da existência se o forças a ir contra a sua natureza. És visto e tratado como traidor e usurpador. Terás que lutar constantemente para manter tua posição, e não terás sucesso.

Posso viver na forma humana e tudo ama Me obedecer. Toda a natureza responde aos Meus desejos e executa Minha vontade.

Se permaneces em Mim, podes pedir o que queres, e te é dado.

Se permaneces em Mim, não tens desejos que não sejam os Meus. Não vives uma vida separada. Não vês o mal. Não te vês contra nenhuma parte da Minha criação. Desejas apenas os Meus desejos, e recebes tudo de Mim.

Te tornas Um comigo e não conheces outra vida que não seja a Minha, nem outro desejo que não seja o Meu. E quando tomas consciência do Meu desejo, sabes que o que desejas é realizado; pois se isso não fosse assim, esse desejo não teria alcançado tua consciência.

O Espírito Universal

33

A morte do eu traz a verdadeira Vida

Minha amada,

"Sê fiel até a morte, e te dou a coroa da vida."

A vida só vem depois que recebes a morte.

Coroa significa o poder de reinar. Não te dou apenas Vida, mas também o poder de dar Vida, de reinar na Vida.

Tua vida atual é dividida; não tens consciência da vida Una.

Não estou dizendo que deves ser fiel até a morte física, mas que deves ser fiel até a morte do eu. Se não submetes tua vida atual à morte, não posso te dar Minha Vida.

Sei que há muito estás na escuridão; estás na escuridão a maior parte do tempo. Estou dentro de ti e desejo que Me encontres e recebas Minha Vida. Dessa forma, crio escuridão à tua mente com consciência separada, porque assim podes procurar-Me, abrir a porta, e deixar-Me entrar em tua consciência.

Enquanto colocas teu amor, esperança e expectativas no

mundo exterior, não recebes Minha Vida. Tu Me rejeitas e recusas Me deixar viver em ti enquanto buscas vida e luz nas coisas externas. Estou nas coisas externas, mas não na parte externa delas. E se buscas as coisas externas para preencherem tua vida, estás dependendo das partes externas delas; desse modo, tudo o que obténs delas não tem vida, porque não Me podes encontrar nelas.

Não Me encontras em nada, enquanto não Me encontras dentro de ti. E quando Me encontras dentro de ti, Me encontras em tudo o que te rodeia. Pois quando Me encontras e Me deixas viver em ti, Eu te encontro e Me dou a ti em todas as coisas que te cercam.

É Meu propósito te dar coisas boas, prazerosas e agradáveis que satisfaçam teus desejos; mas para que isso se realize, deves aceitar teus desejos de Mim.

A vida separada do eu é boa no seu tempo e lugar, mas foste além disso. Há desejos que não se realizam nas coisas que te cercam. Esperas, buscas e encontras tais coisas, mas não te satisfazem como esperas. Isso causa frustração e faz adoecer a mente e o corpo.

O objetivo do eu separado é te ensinar o oposto da satisfação. Seu objetivo é te preparar para a Vida verdadeira e para a satisfação real. Não recebes nem desfrutas de Minha Vida a menos que tenhas vivido a consciência-eu. Se não experimentas a discórdia da vida dividida, não te habilitas para a

Minha Vida.

Não te recrimino por viveres a vida do eu separado. Não há do que te culpares. És como foste feita para ser. Toda vez que queixas de tua sorte, ou te sentes culpada, apontas culpa em Mim e no que Eu faço. É assim que Me crucificas e te retiras da Vida, passando a viver na escuridão. Mas é necessário que isso se faça, pois se não ages desse modo e retiras Minha Vida de ti, o eu não morre; os interesses da separatividade e do amor separado te mantém cativa. Enquanto não estás desamparada e vazia, não posso vir a ti. Não há como trocar a consciência-eu pela consciência da Minha Vida, a não ser pela morte do eu. Somente a morte dele te libera de todas as formas anteriores de serviços e obrigações.

Todas as promessas e contratos que uma pessoa faz enquanto na vida do eu, valem até que se cumpram ou que a pessoa morra fisicamente. A morte física tem o poder de liberar o homem de todas as promessas e serviços na terra. Nada mais é esperado dele. Do mesmo modo, todos os contratos e promessas em que te comprometes enquanto na consciência-eu, valem até que ocorra a morte da vida do eu. Não é a morte física que te libera das obrigações do eu, pois a vida física não é a vida do eu. Eu posso viver a vida física no teu corpo. De fato, esse é Meu desejo e Meu propósito. Estendo Meu Reino e Minha Vida até os mais remotos confins da terra. Teu corpo é da terra e Me estabeleço nele; devo ser reconhecido como a vida de teu corpo físico. Assim, não é a morte do corpo físico que precisa ocorrer, mas sim a extinção das coisas nas quais a vida do eu está envolvida. E que coisas são essas?

A vida do eu se baseia em tudo aquilo do que dependes para tua existência. Tens direitos pessoais; tens bens que assumes como teus e em que confias. Cultivas o intelecto e confias em que este te possa suprir de alimento mental. Tens uma natureza afetiva da qual dependes para obter prazer. Tomaste a teu cargo certas pessoas às quais dedicas teu afeto, e das quais esperas afeto em troca. Confias no vigor físico que recebes diariamente, e esperas que supra tuas necessidades. Alguns descobrem os poderes psíquicos que o eu separado possui, e dependem deles para satisfazer suas necessidades intelectuais e físicas.

Tudo o que constitui tua vida ou consciência separada deve ser abandonado. Por que? Porque és constituída de modo a não poder ter fé total nos poderes que possuis física, mental, emocional e psiquicamente. Não tens certeza de que poderão te servir sempre. E mesmo enquanto te servem, não te trazem satisfação perfeita. Teus desejos superam tua capacidade de realizá-los e não te trazem satisfação completa.

É Meu desejo que abandones tudo o que te torna incompleta; não se trata de Eu querer que sofras mais do que sofres, mas de que sejas capaz de Me receber e Me deixar te dar Vida mais abundante, pois esse é o teu direito. Não foste trazida à vida consciente para ser torturada e esfaimada, mas sim para participar da abundância da Vida em sua plenitude, em que todos os teus desejos são realizados.

Não penses que há algum erro, ou falta de poder, ou que algo é diferente do que deveria ser. Tudo está sempre certo. O fogo queima onde deve arder.

Teu construtor

34

Entrega-te a Mim

Minha amada,

O eu se fortaleceu em ti, para teres capacidade de receber a plenitude da Vida, que é impessoal.

Não te escrevo isso como uma mensagem especial para interromper alguma outra força ou poder, pois só há Um Poder.

A vida do eu vem na ordem natural de tua criação. O eu deve crescer e seu amor deve se tornar forte. Paixão, ódio, medo, vingança, luxúria, ciúme, ganância, conflito, guerra, e todas as coisas que acompanham a vida do eu têm seu tempo e lugar. O eu não é um inimigo, mas um servidor. O mesmo sol que faz o fruto e os grão crescerem, também os amadurece; e isso provoca sua queda do pé onde nasceram.

Do mesmo modo, a Vida que faz o eu crescer e desenvolver todas as suas limitadas e insatisfatórias qualidades, o faz cumprir sua função e morrer, sendo afastado da ação da Vida. Desse modo uma nova Vida, mais interior, vem em seu lugar.

É da ordem natural da criação que o indivíduo tenha um corpo e mente conscientes, dos quais ele se serve, e que também desenvolva uma natureza afetiva. A consciência assim formada se expressa como um ser separado e age como se tivesse uma vida separada. Esse indivíduo percebe e sente de um ponto de vista separado, e isso não permite que a plenitude da Vida se expresse nele. O corpo físico é deficiente e seus desejos não se realizam. A natureza afetiva é sempre querer o que não pode obter. A natureza do intelecto é se esforçar pelo inatingível. E embora a esperança seja forte, e leve o indivíduo a ter as experiências de que precisa, ele não tem a Fé perfeita, pois há divisão nessa consciência. Há medo e derrota. Todas as experiências lhe mostram que das muitas coisas que deseja como eu, poucas são alcançadas. E as que são obtidas se mostram diferentes do que esperava. Desse modo o eu não tem descanso, não tem Vida plena, mas há experiências que o preparam para ela.

Tu, a quem Eu escrevo, alcançou o ponto de desenvolvimento em que o tempo para a morte do eu chegou, ou em quem amadureceram as coisas da vida separada como indivíduo. Assim como o germe da vida está na semente, assim também o Espírito verdadeiro está em cada um. E assim como a semente deve morrer para que o germe da vida possa viver e se desenvolver, também as coisas do eu devem abandonar a existência para que o que existe no teu âmago aflore. Assim como o pintinho dentro da casca é capaz de usar a substância do ovo como alimento para a sua construção, do mesmo modo o Espírito em ti usa as coisas que compuseram a vida do eu para desenvolver a Sua Vida em ti. Mas primeiro o que é assimilado deve morrer, pois não há transformação possível enquanto ela vive. A morte ou cessação da vida presente é necessária. Então a nova Vida penetra na mesma substância e a vivifica pela Sua Vida. E isso é a ressureição.

Ninguém se entrega à morte sem fé, a menos que seja forçado a isso.

Todos os seres dos reinos abaixo do humano foram criados de modo a serem levados à transformação pela Lei da Vida. Eles não podem sequer querer resistir; não têm a possibilidade de ter o prazer de se entregar voluntariamente à morte. Ao contrário deles, o homem, depois de viver a vida do eu, se torna capaz de receber a alegria de desejar sacrificar a vida presente para receber voluntariamente a Vida que chega.

Vê, minha querida, como te amo; como és capaz de receber alegria, é Meu propósito dá-la a ti, pois é Minha Alegria compartilhar Minha Vida contigo.

Tu, que vives a vida do eu, e encontras frustração e desilusão, sendo capaz de receber Vida abundante, tens agora o privilégio de entregar voluntariamente o eu à morte. Este privilégio te é dado porque abre espaço para a grande alegria que não podes receber se a morte do eu ocorrer contra a tua vontade.

Ninguém está pronto para esta mensagem, a menos que esteja pronto para este juramento e entregar-se sem resistência à sua execução. Deves estar pronto para dizer a Mim em ti:

"Eu entrego tudo o que o eu possui em minha natureza. Não resisto; ao contrário, me submeto a vê-lo eliminado pelas circunstâncias, à medida que estas ocorram. Não me revolto contra o sofrimento e os insultos. Nada sou como eu pessoal, e eu não desejo mais ser tratada como tal. Quero ser ninguém, sem lugar ou direitos entre as existências dos eus. Que tudo o que adquiro como um eu, as coisas que o eu considera como suas, me sejam tiradas e colocadas no lugar a que pertencem. Isso inclui meu conhecimento, meus amores, meus bens, meus amigos e parentes, minha moralidade, todos os meus hábitos bons e maus, e tudo o de que me orgulho ou condeno em mim. Entrego tudo e abdico ao poder da Vida Universal, de quem tudo obtive e apartei. Agora consinto em deixar o Espírito em mim, e em todas as coisas, proceder como quiser com este eu e com tudo o que lhe pertence, por meu intermédio, ou de outras pessoas ou circunstâncias. Não desejo Vida alguma enquanto não agradar ao Espírito viver Sua Vida em mim; e não me cabe decidir a ocasião. Nem direi ao Espírito em mim como deve viver Sua Vida, se em harmonia ou não com meu sentimento de bem. Entrego tudo ao Espírito: que Ele governe toda a criação."

Escrevo para aqueles que podem dizer isso e têm a Fé que lhes permite manter a calma e deixar a obra prosseguir. Isto não é algo especial a ser feito, pois todos os que vêm à Vida se encontram nesse estágio de desenvolvimento, e lhes é dado Fé para corresponderem à mensagem que lhes vêm do exterior.

O AMOR UNIVERSAL

35

Perdoo teus pecados

Querida,

Tu sabes que governo todas as coisas.

Todos os enganos, erros e pecados que atribuis a ti mesma são bons e estão de acordo com Minha vontade para ti. Vim para perdoar teus pecados. Perdoo todos os teus pecados por atos e omissões. Vim para comparar nossos livros. Tenho o livro da Vida. Tu também tens um livro e nele escreves teus registros.

Fizeste duas colunas no teu livro: uma que chamaste de mal e outra que chamaste de bem. Atribuis a ti mesma o crédito do bem e o débito do mal que pensas ter feito. Não consegues manter o balanço equilibrado, pois falhas frequentemente em fazer o que pensas ser teu dever. Mas não abres mão do crédito e desejas ser recompensada pelo bem que fazes.

Minha querida, venho a ti que estás convencida de ter

sido malsucedida nos negócios como consciência-eu. Venho comparar nossos livros de registro. Te forneci um capital inicial para que começasse o negócio. Gastaste as entradas diárias e teus débitos excederam teus créditos; agora vais à bancarrota.

Preparaste a falência? Sim e não. Falhaste como sucesso do eu; mas foste bem-sucedida em fazer tudo o que Eu desejei que fizesses. Descobriste tua total incapacidade de viver sem Mim. Não apenas precisas de Minha Vida: precisas constantemente de Mim para vivê-La.

Sim, tens sucesso em tudo aquilo que Eu pretendo. Por tua derrota como eu e por aprenderes que não podias ter esse sucesso. Esse é o resultado que Eu pretendo.

Tu me pedes que te mostre o que tenho registrado no Meu livro. Estás pronta para desistir de teu negócio e nada Me pedir além da recompensa pela derrota do eu, que não é nada? Respondes que sim. Isso Me deixa livre para agir de acordo com Minha natureza. Posso ser para ti o que quero ser, e não o que queres que Eu seja. Quando alguém é malsucedido na vida do eu e se entrega a Mim, dou-lhe a Vida Eterna, Minha própria Vida, a Vida mais abundante. E como Sou Minha própria Vida, Me dou a ti com Minha Vida, e vivo em ti e através de ti.

Meu livro é o livro da Vida, e tem simplesmente teu nome, teu novo nome. Passado não é Vida, mas apenas experiência de morte; por isso não preciso dele. Fiz a natureza humana de tal modo que enquanto ela precisar de experiências da vida do eu, ela mantém seus próprios livros. À medida em que se credita pelo bem, encontra débito suficiente para equilibrar o balanço. Assim, quando alguém estiver pronto para abrir mão disso tudo, Eu venho e trago o Meu livro da Vida, no qual está registrado apenas o seu nome. Perdoo os pecados que ele mesmo se atribui, porque entrega o eu voluntariamente à morte, e abandona todos os créditos com o resto. E assim, aquele que é fiel até a morte, e nela entra voluntariamente, recebe a coroa da Vida.

Sou tua Vida

36

Tu és Minha Noiva

Estabeleço Minha Vida em ti começando pelo centro, onde resido. Começo a irradiar formando tua vida externa ou ações. Primeiro Me apresento em teus pensamentos, e te dou pensamentos que sabes que são Verdade. Te dou a segurança de que faço tudo bem e, à medida que as coisas que constituem a vida do eu são removidas, te sussurro que é assim que Eu desejo. Dou-te Meu Amor para aliviar o sofrimento, e Minha Luz para iluminar a intensa escuridão; mas tens sofrimento e escuridão. Me ouves te dizer que vivas um momento de cada vez, e que não te precipites em entrar na escuridão, provas ou sofrimento antes da hora. A Fé que te dou, te capacita a ouvir Minha palavra em silêncio. Meu Amor te ajuda a enfrentar a dor e a perda de todas as coisas da vida do eu.

Lembra-te que nada acontece que não seja necessário. Tu precisas de cada aborrecimento, cada dor, cada momento de escuridão; mas tens alegria porque estou contigo em tudo isso. Não te deixo sem consolo. Permaneço contigo e sofro em teu lugar.

Depois da crucificação e da queima de todos os desejos e ambições do eu, tem início a ressurreição. Eu revitalizo tuas naturezas emocional, intelectual e física. Começo do centro que é a Jerusalém em ti; a partir daí levo Meu evangelho para todos os confins da terra, que é tua inteira natureza, incluindo teu corpo. Primeiro falo aos Judeus, que é a parte da tua natureza obediente à Lei; depois falo aos Gentios, que tua mente chama de maus mas que são bons. Continuo espalhando Minha palavra até que todo joelho se dobre e toda língua confesse e aceite Minha Vida. Toda a tua natureza mental e física é subjugada e vivificada pelo Meu Amor e Vida. O físico é o último a ser transformado; mas todas as funções e átomos de teu corpo aceitam o presente de Minha Vida e Amor, e agem sob a Minha direção.

É Meu maior prazer dar Minha Vida a todos os que estão prontos; e todos estarão prontos algum dia, porque os eus se convencerão de que não há vida na divisão. Os sofrimentos que o eu traz preparam a todos para receber Meu Amor e Minha Vida.

Se és alguém a quem posso mostrar Meu livro, e se tornar Um Comigo, sabes que estás pronta para deixar de lado tuas contas, fechar o negócio do eu e não Me fazer devedor de coisa alguma. Isso Me permite dar-te Minha Vida mais abundante, que é a Dádiva da Vida Eterna. E como Eu sou a Vida Eterna, podes Me receber e deixar-Me viver em ti agora e para sempre.

Tu és a Noiva e Eu sou o Noivo. Que a Noiva saiba que seu nome e vida anteriores se foram para sempre, e que as coisas antigas cumpriram seu tempo e lugar. Assim como o Noivo afasta a Noiva de suas ligações anteriores, exigindo que ela abandone tudo pela Alegria de recebê-Lo em sua plenitude, que ela O receba e não rejeite Seu Amor e Vida apegando-se a qualquer coisa da vida anterior. E lembremo-la de que tudo o que é do Noivo também é dela; mas que é em nome Dele e de acordo com a Vida Dele que ela usufrui de tudo.

Eu sou o Noivo, tu és a noiva.

Esta é Minha carta de amor para ti que estás pronta para aceitar-Me e unir-te a Mim, aceitando Minha dádiva de Mim mesmo.

Teu Noivo

FIM

(entenderás melhor em uma nova leitura).

GRÁFICA PAYM
Tel. [11] 4392-3344
paym@graficapaym.com.br